Monique Pinçon-Charlot

Paris

Quinze promenades sociologiques

Petite Bibliothèque Payot

Retrouvez l'ensemble des parutions
des Éditions Payot & Rivages sur
www.payot-rivages.fr

Ce livre est une version profondément remaniée de l'ouvrage publié par les mêmes auteurs en 2001, aux Éditions Calmann-Lévy, sous le titre *Paris mosaïque. Promenades urbaines.*

Photographies : Clément Pinçon et Marie Léman.
Cartes : Clément Pinçon.

Paris

DES MÊMES AUTEURS

Aux Éditions Payot :

Les Millionnaires de la chance. Rêve et réalité.
Grandes Fortunes. Dynasties familiales et formes de richesse en France
La Chasse à courre. Diversité sociale et culte de la nature
Quartiers bourgeois, quartiers d'affaires

Chez d'autres éditeurs :

Michel Pinçon et Monique Pinçon-Charlot :
L'argent sans foi ni loi, Paris, Textuel, 2012.
Le Président des riches. Enquête sur l'oligarchie dans la France de Nicolas Sarkozy, Zones, 2010. Nouvelle édition revue et augmentée, La Découverte, 2011.
Sociologie de Paris, Paris, La Découverte, 2008
Sociologie de la bourgeoisie, Paris, La Découverte, 2007
Les Ghettos du Gotha. Comment la bourgeoisie défend ses espaces, Paris, Seuil, 2007
Voyage en grande bourgeoisie. Journal d'enquête, Paris, PUF, 2005
Châteaux et châtelains. Les siècles passent, le symbole demeure, Paris, Anne Carrière, 2005
Justice et politique : le cas Pinochet, Paris, Syllepse, 2003
Dans les beaux quartiers, Paris, Seuil, 2001
Nouveaux patrons, nouvelles dynasties, Paris, Calmann-Lévy, 1999
Les Rothschild. Une famille bien ordonnée, Paris, La Dispute, 1998

Michel Pinçon :
Cohabiter. Groupes sociaux et modes de vie dans une cité HLM, Paris, Plan Construction, 1982
Désarrois ouvriers. Familles de métallurgistes dans les mutations industrielles et sociales, Paris, L'Harmattan, 1987

Monique Pinçon-Charlot :
Ségrégation urbaine. Classes sociales et équipements collectifs en région parisienne, Paris, Anthropos, 1986 (en collaboration avec Edmond Prèteceille et Paul Rendu)

Site internet des auteurs :

www.sociocites.com

J'ai tant couru pour faire *Le Tableau de Paris* que je puis dire l'avoir fait avec *mes jambes* ; aussi ai-je appris à marcher sur le pavé de la capitale d'une manière leste, vive et prompte. C'est un secret qu'il faut posséder pour tout voir.

Louis-Sébastien MERCIER
Le Tableau de Paris (1781)

SOMMAIRE

INTRODUCTION

Les ouvrages sur Paris sont innombrables, mais celui-ci est unique en son genre. Son originalité ? Proposer de découvrir la capitale française en suivant des itinéraires conçus par deux sociologues pour donner à comprendre la ville dans sa diversité et faire partager un peu la vie des habitants de chaque quartier.

Paris est le fruit de la sédimentation de vagues successives d'immigration. Le quartier de la Goutte-d'Or, avant d'accueillir l'Afrique, était, au XIXᵉ siècle, une étape pour les provinciaux venus tenter leur chance dans la capitale. Dans les années 1950 et 1960, les Juifs séfarades d'Afrique du Nord s'installèrent au Sentier où beaucoup réussirent dans la confection. Plus récemment, les quartiers rénovés du 13ᵉ arrondissement ont accueilli les réfugiés du Sud-Est asiatique. Trois quartiers où s'affirment des identités fortes, où l'activité économique prend une dimension communautaire, où la diversité culturelle est une réalité quotidienne.

Ce ne sont pas des ghettos : la ville est un réseau de relations intenses, croisées, incessantes. Le métro est l'un des vecteurs de ces mises en communication des quartiers et des Parisiens. Mais la capitale a perdu un million d'habitants depuis 1921. Cette hémorragie, qui s'est d'ailleurs arrêtée depuis l'an 2000, va de pair avec la croissance de la banlieue et des migrations alternantes quotidiennes : la gare Saint-Lazare en est un des hauts lieux. Inlassablement les allées et venues des banlieusards construisent et déconstruisent la ville, lui donnant deux visages, diurne et nocturne.

Paris s'embourgeoise. Dans le faubourg Saint-Antoine, le génie de la Bastille ne veille plus sur les ouvriers ébénistes, mais sur d'autres créateurs, bien plus « tendance ». Quant au Triangle d'or du 8ᵉ arrondissement, il a attiré les industries du luxe, incitant les familles de la haute société à un exode doré, plus loin vers l'ouest. Un luxe intéressé aussi par l'image de Saint-Germain-des-Prés, où l'existentialisme est relégué au statut de faire-valoir culturel.

Les sédimentations humaines et architecturales se mêlent et s'entremêlent. Les ateliers des ébénistes du faubourg deviennent coquets. Les hôtels particuliers des Champs-Élysées cèdent la place aux immeubles de bureau envahis au matin par des employés qui les désertent chaque soir. Les petites maisons ouvrières des lotissements du début du XXᵉ siècle sont désormais habitées par des journalistes et des universitaires séduits par leur charme villageois. Un processus d'embourgeoisement qui est aussi à l'œuvre dans la conquête, par une population jeune et « branchée », des cafés, des petits commerces et des ateliers de la rue Oberkampf. Les lieux mythiques du Paris populaire d'Édith Piaf et de Maurice Chevalier deviennent les temples de la nuit en vogue. D'autres changements ont été plus radicaux. Comme pour les entrepôts de Bercy, voués au commerce du vin, et ceux qui, sur l'autre rive de la Seine, ont cédé la place à la nouvelle Bibliothèque nationale : ils n'ont guère laissé de traces. Les emprises portuaires et ferroviaires se réduisent sous l'invasion d'une modernité qui donne naissance à un nouveau quartier. Quant aux spécificités de la capitale dans ses rapports à la banlieue, rien de mieux pour les appréhender que d'en parcourir les franges de porte en porte le long d'un périphérique qui est traité différemment selon qu'il borde les quartiers résidentiels de l'Ouest ou les logements sociaux de l'Est.

Les itinéraires commentés aideront le promeneur à s'orienter dans la pléthore d'informations que délivre le spectacle urbain. Le marcheur pourra ainsi progresser dans le dédale né de la multitude des influences et des destins, et découvrir autrement ces quartiers où se construit aujourd'hui le Paris de demain, où se joue l'identité d'une ville métisse ouverte sur le monde[1].

---

1. Le lecteur pourra enrichir sa connaissance de Paris avec notre ouvrage, *Sociologie de Paris*, aux Éditions La Découverte, 2008.

CHAPITRE PREMIER

Piétons de Paris

Paris est une petite capitale de 105 kilomètres carrés, contre 607 pour Madrid et 879 pour Moscou. De forme circulaire, aucun point n'est à plus de 5 kilomètres de Notre-Dame. Or toutes les catégories sociales, des banquiers fortunés aux ouvriers les plus modestes, y ont toujours été représentées. Cette diversité, sur un espace aussi restreint, a attiré les historiens et les sociologues, certains ayant livré leurs observations et leurs analyses, fruits de leurs déambulations dans la mosaïque parisienne.

Déambulations savantes

Louis-Sébastien Mercier (1740-1814), observateur et critique

Dans le Paris de la fin du XVIIIe siècle, Louis-Sébastien Mercier, écrivain et homme politique, recense les différences sociales : «Il y a dans Paris huit classes d'habitants bien distinctes ; les princes et les grands seigneurs (c'est la moins nombreuse), les gens de robe, les financiers, les négociants ou marchands, les artistes, les artisans, les manœuvriers, les laquais et le bas peuple[1].» Mercier arpente et observe les rues, prend des notes et nous fait vivre ces catégories sociales à travers des descriptions et des récits savoureux.

Dans cette vision d'une précision d'entomologiste décrivant la vie des fourmis, Mercier dresse un tableau vivant, détaillé et engagé de la ville à la veille de la Révolution. Il consigne aussi bien des observations sur les habitants que sur les aménagements urbains et les conditions de vie. «Ceux qu'on appelle gens de peine sont presque tous des étrangers. Les Savoyards sont décrotteurs, frotteurs et scieurs de bois ; les Auvergnats sont presque tous porteurs d'eau ; les Limousins maçons ; les Lyonnais sont ordinairement crocheteurs et porteurs de chaises ; les Normands tailleurs de pierres, paveurs et porte-balles, raccommodeurs de faïence, marchands de peaux de lapins ; les Gascons perruquiers ou carabins ; les Lorrains savetiers ambulants sous le nom de *carreleurs* ou *recarreleurs*[2].» Une énumération que l'on pourrait reprendre aujourd'hui en remplaçant les provinces françaises par les pays d'émigration.

---

1. Louis-Sébastien Mercier, *Le Tableau de Paris*, Introduction et choix de textes par Jeffry Kaplow, Paris, La Découverte, 1985, p. 91. (Pour le texte intégral [plus de trois mille pages qui parurent de 1781 à 1788], voir Louis-Sébastien Mercier, *Tableau de Paris*, Paris, Mercure de France, 1995, 2 tomes.)

2. *Ibid.*, p. 93-94.

Mercier dresse le portrait des échoppes, du bureau des nourrices, de l'Hôtel-Dieu («La maison de Dieu ! Et on ose l'appeler ainsi ! Le mépris de l'humanité semble ajouter aux maux qu'on y souffre[1]»), critique l'éclairage public ou plutôt son absence, décrit les encombrements et attroupements dans les rues. Il analyse les mœurs des différentes couches sociales, les pratiques religieuses, la vie des cabarets : «Vous n'y viendrez pas, délicats lecteurs ; j'y suis allé pour vous. Vous ne verrez l'endroit qu'en peinture, et cela vous épargnera quelques sensations désagréables[2].» Nous n'aurons pas ces prévenances et nous souhaitons, au contraire, inciter le lecteur à suivre nos traces sur des chemins qui ne seront pas toujours de tout repos.

Par la précision de ses observations, par leur contenu de critique sociale, Louis-Sébastien Mercier offre un tableau de Paris qui est à la fois œuvre de journaliste, d'historien et de sociologue. Il appartient à cette lignée d'écrivains qui, comme Balzac, Hugo ou Zola, se sont appuyés sur des enquêtes approfondies dans les divers quartiers de la capitale. «Décrire, c'est essayer de comprendre», écrit Jean Malaurie dans sa préface à l'album Terre humaine consacré à Zola[3]. «Il se promène dans Paris avec une véritable

---

1. *Ibid.*, p. 214.

2. *Ibid.*, p. 284

3. Henri Mitterand, *Images d'enquêtes d'Émile Zola. De la Goutte-d'Or à l'Affaire Dreyfus*, Paris, Presses Pocket-Album Terre humaine, 1987, p. 6. Les notes de l'écrivain ont été publiées : Émile Zola, *Carnets d'enquêtes. Une ethnographie inédite de la France*, Paris, Plon, coll. «Terre humaine», 1987. Ces textes ont été repris dans la collection «Terre humaine/Poche» (Presses Pocket).

gourmandise de l'œil – en écrivain puis en photo-graphe[1]», commente Henri Mitterand.

Maurice Halbwachs, explorateur urbain et photographe

Maurice Halbwachs, un des fondateurs de la socio-logie française, se fait, dès le début du XXᵉ siècle, «explorateur urbain et photographe[2]». Militant socia-liste, cet universitaire entreprend un reportage pour *L'Humanité* à la cité Jeanne-d'Arc, dans le 13ᵉ arron-dissement, archétype du taudis parisien. L'objectif est aussi scientifique : il s'apprête à soutenir une thèse sur «Les expropriations et le prix des terrains à Paris (1860-1900)». L'avènement de la sociologie urbaine se fera, ainsi, à travers la confrontation directe du cher-cheur à son objet. Toutefois si Maurice Halbwachs aime marcher dans Paris, c'est le plus souvent dans le Paris qui convient à un intellectuel de cette époque, «la rive gauche proche du Quartier latin, les nombreux quartiers bourgeois du 16ᵉ, les quartiers centraux de la rive droite, jusqu'aux Grands Boulevards». La cité Jeanne-d'Arc avait été choisie pour des raisons poli-tiques : considérée par les hygiénistes comme insa-lubre, elle devait être le lieu, quasi expérimental, de mesures réformatrices.

---

1. Henri Mitterand, *Images d'enquêtes d'Émile Zola, op. cit.*, p. 70.
2. Christian Topalov, «Maurice Halbwachs, photographe des taudis parisiens (1908)», *Genèses*, nᵒ 28, septembre 1997.

Louis Chevalier,
historien et marcheur infatigable

Louis Chevalier, professeur au Collège de France, dont il a occupé la chaire d'Histoire et structure sociale de Paris et de la région parisienne, de 1952 à 1981, a parcouru Paris en tous sens[1]. Il a relaté ses expériences dans de nombreux ouvrages. Pour lui, le promeneur peut rivaliser avec le statisticien pour appréhender la diversité des habitants. «Au point de vue de la répartition professionnelle et sociale, le morcellement, le particularisme caractérisent les Parisiens ou, pour le moins, sont les premiers signes auxquels on les reconnaît et auxquels s'arrête l'observation : l'observateur de la rue dont nous avons imité la démarche, comme celui des chiffres que nous avons feint de renier[2].»

L'observation permet de déjouer les pièges des amalgames statistiques. La statistique isole les «étrangers». Leur taux est le même en 1999 dans le 8e arrondissement et dans le 20e (15 %). Mais quoi de commun entre l'attaché d'ambassade des Pays-Bas et le laveur de carreaux camerounais ?

La marche des sociologues

Ces piétons de Paris ont participé à la naissance de notre intérêt pour l'exploration méthodique de la

---

1. Pour une présentation synthétique, voir Pierre Lassave, «Dialogues avec la littérature : Louis Chevalier et Jean Duvignaud», *Genèses*, n° 34, mars 1999.
2. Louis Chevalier, *Les Parisiens*, Paris, Hachette, coll. «Pluriel», 1985, p. 75 [1re édition, 1967].

capitale. En nous persuadant de l'apport irremplaçable de ces longues déambulations attentives, ils nous ont aussi incités à faire partager ce goût pour la découverte urbaine à un public non spécialiste. Ce faisant, le projet, de simple vulgarisation d'un travail scientifique déjà réalisé, a pris le tour d'un plaidoyer pour la diversité de Paris. De celui des beaux quartiers à celui des immigrés, en passant par le Paris des intellectuels ou celui des « branchés », nous donnons à voir l'extraordinaire richesse sociologique de la capitale. Une richesse menacée par le niveau qu'y ont atteint les prix immobiliers et les loyers. Or la vitalité même des quartiers dépend de leur diversité de peuplement et de leurs différences avec les autres quartiers.

L'objectif de ce livre est de transférer ce qui relève du champ du savoir scientifique vers un public plus large. La ville se prête à ce transfert, à cet import/export entre la sociologie et le reste de la société. Parce que les formes urbaines et les institutions de la ville sont des produits de la société, de même que les citadins sont porteurs des valeurs, des représentations et des enjeux de cette même société.

Les formes du social dans la ville

La vie urbaine est le produit de la combinaison du social objectivé dans les immeubles et du social incorporé dans les citadins. Les formes architecturales et les dispositions interagissent constamment. Mais la ville est toujours en quelque façon anachronique, le cadre bâti ayant un certain retard sur l'évolution de la composition sociale de la population logée. Comme dans ces cités de maisons individuelles construites au XIXᵉ siècle pour des familles ouvrières et investies aujourd'hui par des couches moyennes intellectuelles sensibles à leur charme désuet. Le décalage peut se produire dès l'origine : le Triangle de Choisy, où une communauté asiatique a occupé un quartier en rénovation, est un exemple d'une opération d'urbanisme qui n'a pas bénéficié à la clientèle visée. Les échoppes et les temples, les restaurants et les gargotes, ont eu raison du bel ordonnancement des tours, des galeries marchandes et des espaces voués au sport que les promoteurs destinaient à des familles de cadres supérieurs.

Les formes architecturales et urbaines

L'architecture des immeubles, selon qu'elle est richement décorée ou pauvrement sobre, la qualité des matériaux de construction, pierres de taille ou plâtras, sont des indicateurs des positions sociales des habitants. Les petits immeubles de rapport de la Goutte-d'Or sont de structure simple avec des entrées étroites et rudimentaires, des façades sans volets et sans la moindre moulure. Avenue Montaigne, les immeubles de la même époque sont décorés et les entrées amples utilisent marbres, miroirs et fers forgés. La largeur des avenues de l'Ouest contraste avec l'exiguïté et l'encombrement des voies populaires. Tout parle dans la ville, les formes architecturales et urbaines dialoguent avec les agents sociaux qui s'y meuvent.

Le social incorporé dans les citadins

La ville, c'est aussi les individus qui y vivent et y travaillent. L'espace urbain n'est jamais totalement défini sans la prise en compte des citadins. Mais, simultanément, les agents sociaux sont toujours construits par la ville. Produit de l'activité humaine, la ville est en retour l'une des instances de socialisation qui font des hommes ce qu'ils sont. Tout parle dans la rue ; comme les citadins ne peuvent se déprendre de leurs manières d'être, qui, par définition, leur collent à la peau, les rues sont des produits involontaires de la multitude des grands et petits gestes de la vie quotidienne. Les quartiers ne diffèrent pas seulement par leur urbanisme, par la qualité des architectures et des matériaux, mais aussi par les hommes et les femmes qui y vivent. Si bien que des façons de faire, des goûts, des valeurs, peuvent entrer en conflit. Il en va ainsi sur les Champs-Élysées où la présence simultanée de grands bourgeois et de gens modestes ne va pas sans problèmes. Les bourgeois parlent volontiers de « faune » à propos des touristes en short ou des employé(e)s qui mordent dans leurs sandwiches en faisant du lèche-vitrines. À l'inverse, dans des quartiers plus homogènes, comme dans les villas du 16e arrondissement ou les rues branchées de l'Est parisien, la pression du groupe dominant est suffisante pour assurer une convivialité rassurante et confortable.

La vie urbaine est le produit de l'interaction permanente entre ces deux formes de la société, le social objectivé dans les choses et le social intériorisé par les personnes. L'expérience d'un espace auquel on est

peu habitué est une expérience sociologique fonda-
trice. À elle seule, elle justifierait le déplacement sur
le terrain. Les itinéraires de ce livre invitent à une
telle confrontation.

La démarche

Le choix des quartiers

Paris offre une réserve inépuisable de sujets, de
thèmes, de quartiers à explorer. Il était inévitable de
faire des choix dans ce foisonnement et de ne retenir
qu'une partie infime d'un possible bien trop multiple.
La volonté d'illustrer le trait qui nous tient à cœur, à
savoir la diversité, l'extrême variété de la réalité parisienne, a été centrale. Nous voulions aboutir à un
tableau de Paris, sinon exact, du moins ressemblant.
Les itinéraires proposés devraient susciter le même
enchantement, les mêmes craintes parfois, que ce que
nous avons ressenti en poussant au bout de sa logique
notre désir de découvrir et de dévoiler, en nous aidant
du travail de nos précurseurs dans tel ou tel domaine.

Le lecteur enquêteur

Les promenades permettent de refaire une partie du
travail de terrain de l'enquête sociologique. Analyses,
statistiques, descriptions, adresses, plans : le texte
et les matériaux sont nécessairement très divers,
de façon à autoriser une compréhension de l'ordre

des choses sous le fouillis du réel. La ville est infinie dans ses déterminations, dans son histoire, dans la multitude des existences qui s'y croisent et qui s'y sont croisées. Le promeneur se trouve vite plongé dans un désespoir empirique, dans le sentiment angoissé de se noyer dans l'infinitude des choses. Il a beau lever les yeux avec application pour apercevoir tel détail architectural original, prendre acte du nom des premiers propriétaires des belles demeures qu'il voit, noter les activités artisanales qui ont laissé leurs empreintes dans telle ruelle, admettre qu'il est en train de longer les limites d'une enceinte fortifiée disparue depuis plusieurs siècles, il prend bien vite conscience qu'il a déjà tout oublié. La masse d'informations factuelles, au lieu de guider dans la perception de ce qui entoure, rend encore plus impénétrable ce réel qui se dérobe à la mémoire et à la compréhension.

C'est pour éviter la remise de soi empirique, pour empêcher la fascination par un réel inépuisable, que nous proposons, pour chaque itinéraire, une lecture du spectacle urbain à partir d'une question. L'ancien faubourg Saint-Antoine est devenu un lieu à la mode : selon quels processus ? Partir de cette question permet d'écarter les éléments non pertinents et de faire le travail de deuil de l'impossible lecture exhaustive d'un réel inépuisable[1].

L'objectif est donc de donner à observer, dans le vécu quotidien de la ville, un concept, une idée, une

---

1. Georges Perec a montré où conduit l'acharnement empirique. Voir *Tentative d'épuisement d'un lieu parisien*, Paris, Christian Bourgois, 1975.

interprétation. Mettre en évidence ce qui, à tel ou tel endroit, émerge de la profondeur de la vie sociale pour se révéler au grand jour. Donner les clefs tout en orientant vers la bonne porte et en montrant où est la serrure : la combinaison de la démarche empirique de terrain et de la conceptualisation d'une question permet de rendre perceptibles les structures sociales à l'œuvre en permanence dans la ville.

Il est permis de penser qu'une telle initiation à la sociologie, à propos d'une ville aussi diverse et riche d'enseignements que Paris, permettra de ne pas rester à la surface des choses, et, à terme, de prendre systématiquement cette posture scientifique de la lecture et de l'interprétation allant au-delà des apparences immédiates et confuses.

Les modalités du travail de terrain

Les données et les informations, fournies par les recherches publiées et divers documents, ont été complétées par des séjours dans les quartiers. Cette immersion dans la quotidienneté urbaine permet de mettre à jour et d'approfondir les connaissances déjà disponibles, de donner une dimension ethnographique à l'enquête et de restituer les émotions de l'aventure et de la découverte.

La superficie de Paris est une chance pour ce guide sociologique car les distances restent à la mesure de la marche. L'unité de la ville, soulignée par le boulevard périphérique qui en marque les limites, est confortée par cette accessibilité à pied de tout point de son

espace, malgré sa croissance et les trouées haussmanniennes. Les promenades pédestres, véritables
parcours initiatiques, apprennent, à travers le symbo-
lisme pléthorique de la rue, à démêler le langage des
pierres, des commerces, des attitudes corporelles,
des accents, de tout ce qui, en passant le plus souvent
inaperçu, ne cesse pourtant de proclamer les différences et les inégalités. Sociologues, notre ambition
est de rendre intelligible un spectacle, une réalité
confuse dans ses manifestations. Mettre de l'ordre
dans un perçu chaotique. Et de faire partager notre
joie de mettre au jour les principes d'organisation du
monde social.

Les itinéraires, du Sentier aux portes de Paris,
se déroulent en suivant la spirale de l'escargot des
arrondissements. On les parcourt, du 1er au 20e, en
suivant une ligne continue qui, mimant la centralité du pouvoir, s'éloigne du cœur de la capitale. Le
découpage en arrondissements fait partie de la carte
mentale de tout Parisien qui en maîtrise la symbolique
sociale : résider dans le 19e ou dans le 16e n'a pas le
même sens. À Paris, on lie volontiers le niveau social
de son interlocuteur à l'arrondissement dans lequel il
réside. On retrouve ainsi dans les lignes de division de
la ville celles de la société.

BIBLIOGRAPHIE

CHEVALIER Louis, *Les Parisiens*, Paris, Hachette, coll. «Pluriel», 1985 [1ʳᵉ édition, 1967].

MERCIER Louis-Sébastien, *Le Tableau de Paris*, Introduction et choix de textes par Jeffry Kaplow, Paris, La Découverte, 1985.

MERCIER Louis-Sébastien, *Tableau de Paris*, Mercure de France, 1995, 2 tomes [texte intégral].

MITTERAND Henri, *Images d'enquêtes d'Émile Zola. De la Goutte-d'Or à l'Affaire Dreyfus*, Paris, Presses Pocket-Album Terre humaine, 1987.

PEREC Georges, *Tentative d'épuisement d'un lieu parisien*, Paris, Christian Bourgois, 1975.

ZOLA Émile, *Carnets d'enquêtes. Une ethnographie inédite de la France*, Paris, Plon, coll. «Terre humaine», 1987.

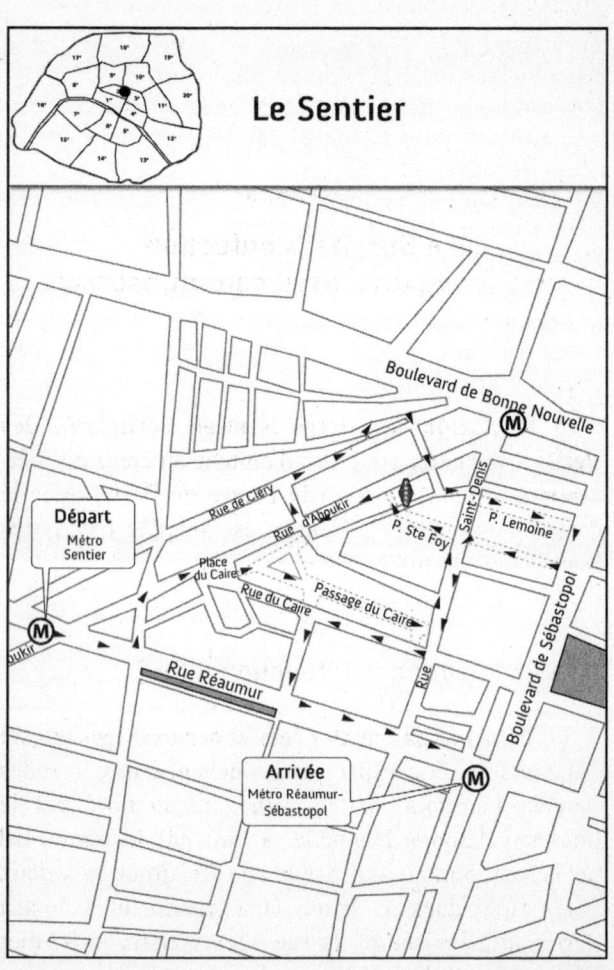

Le Sentier

Boulevard de Bonne Nouvelle

Rue de Cléry

Rue d'Aboukir

Saint-Denis

P. Ste Foy

P. Lemoine

Départ
Métro
Sentier

Place
du Caire

Passage du Caire

Rue du Caire

Aboukir

Rue Réaumur

Boulevard de Sébastopol

Rue

Arrivée
Métro Réaumur-
Sébastopol

CHAPITRE II

Le Sentier : confection
et marché du travail communautaire

À la **station de métro Sentier**, sortir **rue des Petits-Carreaux** pour être d'emblée au cœur du prêt-à-porter. Vieux quartier du centre de Paris, dans le 2e arrondissement, le Sentier est un pôle d'activités liées à l'habillement.

Une localisation non fonctionnelle ?

Le tracé compliqué des rues et des passages atteste l'ancienneté d'un espace qui a échappé aux grandes percées haussmanniennes. Encadré au nord par le boulevard Bonne-Nouvelle, à l'est par le boulevard de Sébastopol, au sud par la rue Réaumur, ces deux voies étant dues au baron Haussmann, et à l'ouest par la ligne brisée de la rue Montmartre, le Sentier offre un entrelacs de rues étroites et de passages couverts caractéristiques des XVIIIe et XIXe siècles.

Ces passages ajoutent à l'étrangeté et à la non-fonc-
tionnalité apparente des lieux. Leur étroitesse et leur
encaissement font songer aux ruelles d'un ksar du Sud
marocain. Que l'on vienne du monde entier s'approvisionner ici en vêtements à la dernière mode semble
invraisemblable. D'autant que des prostituées y
stationnent sur certains trottoirs. Quelques immeubles
délabrés abritent les studios utilisés pour les étreintes
tarifées. Avec l'intensité de sa vie urbaine, le Sentier,
dans ses rues étroites et encombrées, où la misère
côtoie la richesse, conserve cette capacité à fasciner et
exciter l'imaginaire de ceux qui n'ont pas à y travailler.

Dans ce labyrinthe, qui est un défi à la circulation
automobile, une industrie du prêt-à-porter s'est développée à partir de la Libération et des années 1950.
Cette confection de masse est sans commune mesure
avec l'artisanat de l'habillement qui y existait avant
la guerre[1]. Toutefois, dès 1911, selon une enquête des
inspectrices du travail, le 2e arrondissement était déjà
celui où le taux des entreprises et celui des ouvriers
travaillant dans la confection étaient le plus élevés.
Actuellement on y recense plus de 1 200 sociétés et
10 000 salariés se consacrant à la mode[2]. Cette localisation au centre de la capitale se conjugue avec celle
des compétences et des savoir-faire pour pallier les
inconvénients d'un tissu urbain non adapté.

---

1. Voir Nancy Green, *Du Sentier à la 7e Avenue. La confection et les immigrés, 1880-1980*, Paris, Seuil, 1998.

2. Solange Montagné-Villette, *Le Sentier, un espace ambigu*,
Paris-Milan-Barcelone, Masson, coll. «Recherches en Géographie», 1990.

Un commerce de gros

Le **lundi** est une journée animée. On peut voir les commerçants de détail défiler entre les hautes murailles vénérables. Difficilement garées, les voitures immatriculées dans la Seine-et-Marne, l'Oise ou le Vaucluse accueillent leurs chargements de vestes, de pulls et de tailleurs fraîchement sortis des ateliers. De gros sacs pendus à chaque bras, ces commerçants-clients arpentent avec difficulté les trottoirs étroits, souvent en couple, rêvant de bonnes affaires et de ventes fructueuses. Mais ils peuvent croiser des princesses des Émirats arabes, venues dans un énorme 4 × 4 au volant duquel patiente le chauffeur, des acheteurs de sociétés de la grande distribution, ou des professionnels venus d'autres continents. «Les Américains, les Japonais, de plus en plus de gens d'Asie, de Chine, sont tous de gros consommateurs de la marque "made in France"», selon l'un des fabricants interviewés. Ces commerçants-clients ont leurs fournisseurs attitrés, mais cela ne les empêche pas d'aller voir ailleurs, et de mettre en concurrence les uns et les autres. Car les prix au Sentier ne sont pas affichés. Ils sont le résultat d'une transaction entre le fabricant et le commerçant.

La Bourse du travail de la place du Caire

De la **rue des Petits-Carreaux** prendre à droite la **rue d'Aboukir** jusqu'à la **place du Caire** où des

Sri-Lankais, des Bengalis et des immigrés d'autres nations lointaines attendent patiemment le fabricant qui leur proposera un travail de manutention. On n'est pas loin de la description de Louis-Sébastien Mercier. «Nous avons au coin des rues, écrivait-il, des *Hercules* et des *Milons de Crotone*, pour emménager ou déménager nos meubles, et porter les fardeaux du commerce. Vous les appelez d'un signe, et ils sont à vous avec leurs crochets; appuyés sur des bornes, ils attendent qu'on leur donne de l'emploi[1].» Les diables ont remplacé les crochets, les Bengalis ont supplanté les Aveyronnais, mais, dans ce coin de Paris, des immigrés, toujours, vendent leur force de travail au jour le jour. Ils attendent qu'un fabricant ait besoin de livrer quelques cartons de vêtements à l'un des transporteurs qui en assurera l'acheminement vers Toulouse, la Belgique ou l'Australie. Ou qu'un grossiste en tissu ait quelques rouleaux à livrer d'urgence à un atelier de coupe ayant une commande à achever. Le va-et-vient incessant dans les rues, où il faut prendre garde aux diables surchargés de ballots, a encore bien d'autres raisons. Les boutiques sont petites et le fabricant n'a en rayon qu'un assortiment de sa collection. Les ventes suscitent l'embauche immédiate et momentanée d'un portefaix qui ira chercher un assortiment complet du modèle, avec les différentes tailles, dans le local où sont entreposés les stocks.

---

1. Louis-Sébastien Mercier, *Le Tableau de Paris*, Paris, La Découverte, 1985, p. 137.

Ces travailleurs précaires s'organisent entre eux pour que chacun respecte son ordre d'arrivée et se fasse embaucher à son tour. Ils ont apporté avec eux leur outil de travail, un diable, qu'ils accrochent aux barrières de la place du Caire s'ils s'absentent quelques instants. La scène est contemplée par les trois têtes monumentales de facture égyptienne qui ornent la façade de l'immeuble, au n° 2, où s'ouvre le **passage du Caire** à côté du café *Chez Lara*. Ces souvenirs de l'impérialisme français et des conquêtes napoléoniennes, rappels de la permanence des rapports de domination nord-sud, sont en homologie avec le spectacle de la place.

Le **passage du Caire** fut ouvert en 1798. Il accueillit des fabricants de chapeaux de paille et des artisans imprimeurs avant d'héberger la mode et ses accessoires. En prenant à droite dans le passage, on découvre, outre quelques boutiques de fabricants, celles de matériel pour les étalages et les magasins de prêt-à-porter. Les mannequins impudiques, en groupes quelque peu inquiétants, suivent de leur regard vide le promeneur troublé. Les portants attendent ici sagement leur destin : rouler sur les trottoirs chargés de vestes et de chemises.

Cette industrie de la confection a des allures boutiquières : sa présence n'est attestée au premier regard que par celle de magasins de prêt-à-porter apparemment semblables à ceux que l'on peut rencontrer dans toutes les artères commerçantes. Toutefois les mentions «vente en gros» ou «aucune vente au détail», rappelées sur de nombreuses vitrines, viennent signifier que l'on est au cœur de la confection parisienne. Son

développement récent est lié au repli sur la métropole
des Juifs séfarades d'Afrique du Nord, conséquence de
la décolonisation. Ce repli, antérieur à celui des autres
pieds-noirs, a dynamisé de façon spectaculaire l'activité consacrée à l'habillement. Celle-ci, avant l'arrivée
massive des Juifs séfarades, était le fait d'Arméniens et
de Juifs ashkénazes venus d'Europe centrale.

Cette industrie fait intervenir trois types d'agents
économiques : le grossiste en tissu, le fabricant et
l'entrepreneur. Le fabricant est le noyau et le maître
d'œuvre du processus. Mais il ne fabrique pas, il

conçoit les modèles, choisit les tissus auprès des
grossistes, coupe ou fait
couper ces pièces de tissu
dans ses propres ateliers
et les fait assembler par
d'autres, les entrepreneurs.
La mention « vente en
gros » est accompagnée
de cette dénomination de
« fabricant », peu conforme
à son sens commun.

En débouchant **rue Saint-Denis**, on se heurte aux
camionnettes qui patientent avant le départ pour une
gare ou un aéroport. Certains de ces véhicules assurent
des liaisons régulières avec des pays européens, comme
le Portugal ou la Belgique. D'autres se contentent de
livrer des ateliers ou des entrepôts situés en banlieue :
les prix immobiliers sont élevés et atteignaient plus de
7 000 euros le mètre carré au début de 2008. Le 2e arrondissement est d'ailleurs celui où le taux d'augmentation

depuis 1991 est le plus élevé : 144 % contre 50 % dans le 16e arrondissement.

La vieille porte triomphale, construite sous Louis XIV, pour célébrer ses victoires, domine l'agitation de la rue. Elle se dresse sur le passage des rois de France allant à la basilique de Saint-Denis s'y faire couronner ou enterrer.

Les cohabitations du passage Sainte-Foy

Sur la gauche, au n° 261-263, l'**entrée du passage Sainte-Foy**, dont il est bien rare qu'elle n'abrite pas une ou deux prostituées, pourrait être ignorée tant elle est discrète. Elle ouvre sur une venelle sombre, humide, que se partagent au rez-de-chaussée quelques fabricants et, dans les étages, les dames veillant à l'entrée, qui y ont chambres et studios. Au foisonnement des boîtes aux lettres déglinguées, on pressent aussi la présence d'une population très pauvre, immigrée surtout. Au bout du tunnel, un petit escalier permet d'escalader les vestiges insoupçonnables du chemin de ronde des remparts de Charles V (construits vers 1370).

Débouchant dans la **rue Sainte-Foy**, très animée, qui héberge de nombreux fabricants, on a sur la gauche les locaux de sociétés de transport d'où les créations du Sentier partent, en fin d'après-midi, pour tous les coins du monde. Mais cette activité intense, en apparence désordonnée, doit affronter l'exiguïté de rues qui ne furent pas conçues pour cela. Il s'ensuit des embarras de circulation parfois infernaux qui provoquent des concerts de Klaxons. Toutefois de fortes et bonnes raisons maintiennent le Sentier... au Sentier. Le départ des fabricants pour une zone industrielle de banlieue, ou pour une autre solution hors du centre de Paris, ne va pas du tout de soi. Pas seulement parce que les fabricants utilisent gratuitement les rues du quartier comme lieux de travail, de manutention, de stockage provisoire et qu'ils bénéficient de l'intervention des services de nettoiement de la Ville de Paris pour enlever, au petit matin, les amoncellements de cartons et de chutes de tissus, dans un vacarme qui ne cède en rien à celui de la journée. Ces avantages, réels, sont peu de chose en comparaison de ceux émanant de la localisation au cœur de l'agglomération parisienne. Celle-ci permet aux fabricants d'être en prise directe avec le monde de la mode, de la haute couture, des tendances qui apparaissent. Paris compte de nombreux stylistes, que l'on croise sur les trottoirs du Sentier, un carton à dessins sous le bras, et des publicitaires, des photographes, tout un milieu qui produit la mode parisienne et qui en vit. Le Sentier est dépendant de cette localisation centrale car il est organisé en circuit productif court. Il ne s'agit pas d'une production de masse d'objets standardisés et interchangeables. La rapidité dans l'exécution de séries courtes de vêtements très «mode» et «tendance» et leur livraison en quelques jours est l'une des caractéristiques essentielles de cette activité à caractère artisanal et encore souvent familial.

Au **13, rue Sainte-Foy** s'ouvre un autre passage, en réalité un bar-tabac tout en longueur qui mène au n° 120 de la **rue d'Aboukir**. Emprunté par les portefaix pas trop chargés et les habitués du quartier, ce couloir encombré permet d'éviter le contournement d'un long îlot. C'est aussi un lieu de tractations commerciales et d'échanges d'informations d'où partent des plateaux chargés de cafés fumants à destination des fabricants, vendeurs et autres coupeurs des environs.

La communauté juive est dominante au Sentier car elle contrôle la conception et la commercialisation des produits. Cela a pour effet de vider le quartier de toute activité le samedi, jour du sabbat. Quelques grossistes en tissu ont pendu un écriteau à leur vitrine signalant que le magasin est ouvert ce jour-là, ce qui révèle la non-appartenance au judaïsme, et indirectement le poids de celui-ci dans l'organisation de la vie du quartier. Le Sentier apparaît comme une sorte de fief séfarade, même si quelques fabricants sont ashkénazes ou non juifs. Souvent réfugiés d'Afrique du Nord, les Juifs du Sentier, dans les années 1950, éprouvaient la nécessité de se reconstruire un espace du quotidien et du travail et développèrent le prêt-à-porter de masse.

Les Chinois paraissent avoir renoncé à s'installer dans le quartier et ont développé un Sentier *bis* dans l'est de Paris, rue Popincourt, rue Sedaine, rue du Chemin-Vert et rue Bréguet, au cœur du 11ᵉ arrondissement, entre République, Nation et Bastille. Fondé aussi sur la solidarité familiale et pratiquant par l'intermédiaire de la «tontine» un financement communautaire des activités économiques, ce Sentier chinois est en plein développement. Ce petit quartier présente une animation qui tend à le faire ressembler à son grand frère du 2ᵉ arrondissement. Avec une ambiance urbaine différente, ce qui tient à une largeur des rues plus fonctionnelle qui réduit les encombrements, et à une vie communautaire tout aussi vivace mais moins démonstrative, moins présente sur le seuil des boutiques, dans la rue et les cafés.

Les grossistes de la rue de Cléry

À la sortie du bar-tabac, prendre à gauche dans la **rue d'Aboukir** où les vitrines des fabricants sont soignées et exposent des produits de qualité. Elles contrastent avec celles des grossistes en tissu que l'on peut aller voir en prenant la **rue Saint-Philippe** à droite qui mène **rue de Cléry**, là où s'est élevée, de 1365 à 1630, la muraille édifiée sous Charles V. Le quartier devrait son nom au chemin de ronde, au sentier qui la longeait. Les vitrines laissent voir les amoncellements de rouleaux de tissu. Ces cavernes un peu sombres recèlent les matières premières dont la transformation fait la richesse du Sentier. Les ventes, ici, ne concernent que des professionnels qui appartiennent le plus souvent à la même communauté. Les entreprises du Sentier doivent leur efficacité aux réseaux qui se sont tissés entre elles. «Les liens financiers, mais aussi sociaux ou religieux, voire personnels, existant entre les grossistes en tissu et les fabricants de vêtements, constituent des conditions favorables à la survie et même à la santé des deux secteurs[1].» Il n'est pas étonnant alors que le Sentier soit l'un des quartiers parisiens les plus marqués par l'hégémonie d'un champ professionnel. On ne trouve guère en parcourant ses rues que des activités liées à la confection.

Le Sentier s'étend

En revenant sur ses pas, jusqu'à la minuscule **rue des Degrés** (où aucun immeuble n'a son entrée, et qui se résume à 14 marches), on accède à la **rue Beauregard** que l'on prend sur la droite. La **rue Chénier**

---

1. Solange Montagné-Villette, *Le Sentier, un espace ambigu*, *op. cit.*, p. 32.

et sur la gauche un petit bout de la **rue Sainte-Foy** ramènent à la **rue Saint-Denis**. En la traversant, on trouve, au n° 230, l'**entrée du passage Lemoine**, entièrement voué à la confection, qui conduit au **boulevard de Sébastopol**, percée haussmannienne.

La pression du prêt-à-porter s'y fait sentir et les enseignes de fabricants ont traversé ce couloir de circulation automobile intense.

Le secteur de l'habillement est sensible aux mouvements de la mode, à l'instabilité des goûts de la clientèle. Les couleurs «mode» changent très vite. Survivre suppose de s'adapter à ces rythmes qui ne permettent pas d'attendre l'épuisement de stocks constitués longtemps à l'avance. Cette tension est perceptible dans l'ambiance de la rue. Le téléphone portable fait aujourd'hui partie du décor. Les discussions vives, tenues par un fabricant marchant d'un pas pressé, avec un interlocuteur invisible, au sujet d'une livraison de tissu, de la pose de boutons ou de tout autre problème de fabrication, mettent en évidence cette agitation permanente d'une activité qui pour réussir doit toujours courir après la mode, imprévisible et fugitive.

Du boulevard de Sébastopol
à la rue Réaumur : le chemin de la réussite

À droite sur le **boulevard de Sébastopol**, au n° 131, le porche une fois franchi donne accès à un très bel hôtel particulier, construit vers 1735, où les Dames de la congrégation de l'Union chrétienne de Saint-Chaumond logeaient des pensionnaires. Le bâtiment est occupé par des ateliers et des bureaux liés à la confection, de même que la cour pavée qui lui fait suite. Cour devenue emblématique depuis qu'une scène du film de Thomas Gilou, *La Vérité si je mens*, consacré au Sentier et à ceux qui y travaillent, y a été tournée. Avant d'atteindre de nouveau la rue Saint-Denis, une dernière petite cour offre le spectacle d'enseignes de fabricants qui, par manque de boutiques disponibles, mais aussi pour serrer leurs prix, se sont installés à tous les étages.

On atteint la **rue Saint-Denis** que l'on prend sur la gauche. Au n° 212, le **passage du Ponceau** est lui aussi consacré au prêt-à-porter.

Le carrefour de la rue Saint-Denis avec la **rue du Caire** accueille un autre marché de la main-d'œuvre immigrée. Par la rue du Caire à droite et la **rue Dussoubs** à gauche, on arrive enfin **rue Réaumur**, que l'on prend à gauche. De chaque côté de la rue, les fabricants ont grignoté l'espace. Mais on

est là dans le haut de gamme : entre la rue d'Aboukir et la rue Réaumur, la différence des adresses manifeste aussi les hiérarchies internes au monde de la confection du Sentier. Kookaï, au n° 82, est typique des réussites spectaculaires des fabricants les plus performants. Acheté par André, Kookaï fait maintenant partie du groupe Vivarte créé par le « le chausseur sachant chausser », qui s'est de la sorte diversifié. Il y est en compagnie de NafNaf, autre maison issue du Sentier, ainsi que de Chevignon, Pataugas et d'une vingtaine d'autres enseignes.

On peut aller rejoindre le métro à Réaumur-Sébastopol, non sans avoir admiré au passage la façade très décorée de l'immeuble du 61-63, rue Réaumur. Construit pour un grossiste en tissu qui cherchait à impressionner favorablement sa clientèle, il ne s'agit en fait que d'un décor comme celui découvert par Tintin au pays des soviets : la décoration luxuriante cache une construction dont la profondeur est de l'ordre de deux mètres, ce qui apparaît clairement de la rue Saint-Denis où très vite le sexe supplante le tissu.

BIBLIOGRAPHIE

BIALOT Joseph, *Le Salon du prêt-à-saigner*, Paris, Gallimard, coll. « Folio », 1978.

GREEN Nancy, *Du Sentier à la 7e Avenue. La confection et les immigrés, 1880-1980*, Paris, Seuil, 1998.

Groupe de recherche et d'analyse des migrations internationales, *Des entreprises pas comme les autres, Benetton en Italie, le Sentier à Paris*, Paris, Publisud, 1993.

LAZZARATO Maurizio, NEGRI Antonio, SANTILLI Giancarlo, *La Confection dans le Sentier ; restructuration des formes d'emploi et expansion dans un secteur en déclin*, Paris, Christian Bourgois, coll. «Cibles XXI», 1991.

MANOTTI Dominique, *Sombre Sentier*, Paris, Seuil, coll. «Points Policier», 1995.

MONTAGNÉ-VILLETTE Solange, *Le Sentier, un espace ambigu*, Paris-Milan-Barcelone, Masson, coll. «Recherches en Géographie», 1990.

SZAMBIEN Werner et TALENTI Simona (dir.), *Le Sentier Bonne-Nouvelle, de l'architecture à la mode*, Action artistique de la Ville de Paris, 1999.

FILMOGRAPHIE

GILOU Thomas, *La Vérité si je mens*, 1997.

ZEITOUN Ariel, *XXL, un film qui a les idées larges*, 1998.

CHAPITRE III

Le luxe à la conquête
de Saint-Germain-des-Prés

Il n'y a plus d'après
À Saint-Germain-des-Prés
Plus d'après-demain
Plus d'après-midi
Il n'y a qu'aujourd'hui

Quand je te reverrai
À Saint-Germain-des-Prés
Ce ne sera plus toi
Ce ne sera plus moi
Il n'y a plus d'autrefois

Tu me dis «comme tout change»
Les rues te semblent étranges
Même les cafés crème
N'ont plus le goût que tu aimes

Nous sommes étrangers
À Saint-Germain-des-Prés

Guy BÉART
«Il n'y a plus d'après»

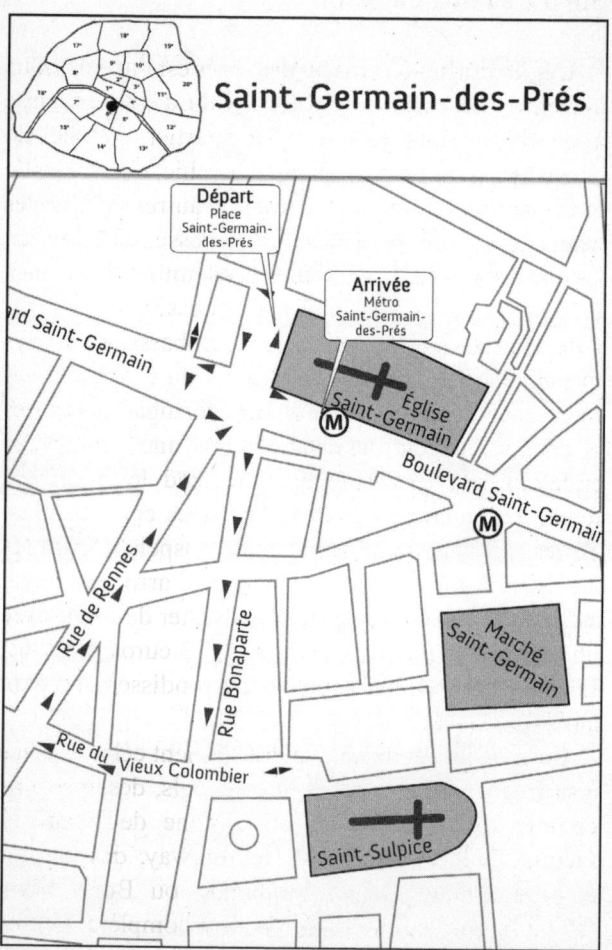

Saint-Germain-des-Prés

Départ
Place
Saint-Germain-
des-Prés

Arrivée
Métro
Saint-Germain-
des-Prés

Boulevard Saint-Germain

Église
Saint-Germain

Boulevard Saint-Germain

Rue de Rennes

Rue Bonaparte

Marché
Saint-Germain

Rue du Vieux Colombier

Saint-Sulpice

La place Saint-Germain-des-Prés :
Sartre évincé par Dior

L'**église Saint-Germain-des-Prés** est l'une des plus anciennes de Paris, ce qui lui a valu d'être restaurée à de nombreuses reprises. Le quartier où elle est construite étant devenu un quartier chic, elle accueille le dimanche à 17 heures, comme d'autres églises des beaux quartiers parisiens, une messe célébrée en langue espagnole. Les familles des femmes de ménage et des gardiens d'immeubles s'y pressent en compagnie du personnel de haut rang des ambassades de pays hispanophones. 30 % des étrangers du 6ᵉ arrondissement sont des Espagnols et des Portugais. Guitares et chants plongent l'assistance dans une atmosphère andalouse ou castillane qui surprend les touristes, toujours nombreux dans l'édifice. Des concerts classiques, de jazz, ou des récitals de gospels attirent les touristes et une foule élégante. Le 6ᵉ arrondissement est devenu l'arrondissement le plus cher de Paris, avec un prix moyen au mètre carré de 9 793 euros, fin 2007. La moyenne pour l'ensemble des arrondissements était alors de 6 364 €.

Le quartier est devenu mondialement célèbre grâce à sa fréquentation par des intellectuels, des écrivains comme Jean-Paul Sartre ou Simone de Beauvoir, Jacques Prévert ou Ernest Hemingway, des artistes comme Juliette Gréco, Mouloudji ou Boris Vian. On ne saurait ici en dresser la liste complète, tant ce quartier fut, au sortir de la guerre et jusqu'aux années 1970, l'un des lieux privilégiés de la vie culturelle parisienne. Si les musées sont rares autour du clocher de Saint-Germain-des-Prés, mis à part celui consacré à Delacroix, rue de Furstemberg, les structures de la culture vivante, en train de se faire, sont bien présentes avec les galeries d'art, les librairies, les éditeurs, l'École des beaux-arts, et les cafés.

Il est peut-être excessif de faire remonter cette vie intellectuelle à la présence des moines, dont il ne reste guère de traces aujourd'hui. Toutefois la présence de cette abbaye et celle de la Sorbonne toute proche ne sont peut-être pas pour rien dans l'établissement d'une tradition intellectuelle qui pourrait s'être maintenue à travers les siècles, en opposition à la rive droite, plus volontiers dédiée au commerce, aux affaires et à la finance.

La maison Dior, du groupe LVMH, contrôlé par Bernard Arnault, la première fortune de France (28 milliards d'actifs professionnels selon le palmarès de *Challenges* de juillet 2008), a ouvert un nouvel établissement à l'angle des **rues de l'Abbaye et Bonaparte**. La maison de haute couture propose dans cette boutique des accessoires de mode portant sa griffe, dont un sac à 1 800 €, ou des lunettes de soleil en valant 600, des montants quelque peu étonnants pour un smicard, mais il en passe peu devant ces vitrines. Il est vrai que la magie de la griffe justifie tous les excès tarifaires. Et permet toutes les audaces : ce magasin Dior s'est installé en 1996 dans les locaux de la librairie Le Divan, qui appartenait aux éditions Gallimard depuis 1957. L'impérialisme immobilier du luxe, dans ces rues charnières entre le Quartier latin et le faubourg Saint-Germain, exprime à la fois la puissance de ce secteur d'activité et le bénéfice qu'il peut retirer, en ces temps de consensus sur le libéralisme, du compagnonnage imprévisible avec ceux qui combattirent, à leur façon, le capitalisme et ses inégalités.

Dior a repris les éléments décoratifs des boutiques de l'avenue Montaigne avec les mêmes lettres argentées sur un fond gris clair, rehaussé de moulures. Selon l'une des responsables de la boutique, recrutée pour sa maîtrise de la langue japonaise, la clientèle visée, plutôt jeune et venant du Japon, ne fréquente guère l'avenue Montaigne. En revanche, elle a une image forte et positive de Saint-Germain-des-Prés.

On pourra jeter un regard sur l'immeuble du café *Le Bonaparte* où Jean-Paul Sartre vécut quelque temps. Trace fugitive d'une époque révolue où les luxueux bagages de Louis Vuitton ne paradaient pas face au plus vieux clocher de Paris, au nº 6 de la **place Saint-Germain-des-Prés**. Pour les accueillir, Arthus-Bertrand, médailleur et orfèvre, a réduit la surface de ses installations.

Les responsables de la communication des maisons de luxe revendiquent un esprit « Saint-Germain-des-Prés », en diffusant du jazz dans leurs boutiques ou en développant le rayon réservé aux « articles de bureau », comme chez Vuitton. Chez ce maroquinier, on avait remarqué la raréfaction des clients autochtones dans les boutiques du 8e arrondissement. Attirer de nouveau une clientèle parisienne infidèle aurait été, en 1995, l'un des buts de l'implantation à Saint-Germain-des-Prés. Il s'agit aussi d'affirmer que le luxe est à sa place dans le quartier, puisque les joailliers et les couturiers revendiquent un statut de créateurs.

Boulevard Saint-Germain : les symboles résistent

La terrasse des **Deux Magots**, à l'angle du boulevard et de la place, est un excellent poste d'observation, fort prisé hiver comme été. Observation à double sens où les clients dévisagent les passants qui le leur rendent bien, chacun paraissant chercher du regard quelque visage connu dans cette foule moins anonyme qu'ailleurs : la probabilité d'apercevoir, faute d'existentialistes, des écrivains, des journalistes ou des cinéastes aux visages familiers, est loin d'être nulle, d'où cette attention quelque peu anxieuse comme les jours de chasse en forêt où l'on s'en voudrait trop de laisser échapper le passage fugitif d'un bel animal.

L'établissement a obtenu l'autorisation d'étendre sa terrasse. La nouvelle installation tente d'abriter les consommateurs des regards indiscrets par une haie de thuyas qui introduit une note champêtre quelque peu discordante dans cet univers de pierres usées par le temps. À la demande de Jean Tibéri, alors maire de Paris, le conseil municipal a décidé d'honorer cette partie du carrefour Saint-Germain d'une plaque, près de l'entrée du métro, portant les noms de Jean-Paul Sartre et de Simone de Beauvoir. Mais la « **Place Sartre-Beauvoir** » bénéficie d'un statut étrange : elle est absente des plans et de leurs index, la place Saint-Germain-des-Prés ayant par ailleurs conservé son nom. « On imagine, écrit Bertrand Poirot-Delpech, avec quel ricanement métallique l'intéressé aurait salué cette aumône posthume d'un bout de trottoir, lui qui, en 1965, refusa le Nobel, autrement flatteur, et pour qui seule comptait la survie des œuvres alignées sur une étagère[1].» Les Deux Magots sont un lieu mythique de la vie littéraire, où l'on décerne chaque année depuis 1933 un prix homonyme qui fut attribué, par exemple, à Raymond Queneau et à Georges Bataille.

En tournant à droite sur le **boulevard Saint-Germain**, on s'arrête volontiers devant les vitrines de **La Hune**, librairie ouverte jusqu'à minuit encore, peut-être pour peu de temps compte tenu de l'atonie grandissante de la vie nocturne du quartier. Certains clients des Deux Magots et du Flore, qui encadrent

---

1. Bertrand Poirot-Delpech, «Le diable sans confession», *Le Monde*, 12 avril 2000.

cette librairie, qui appartient à la famille Flammarion, y ont leurs œuvres, ou rêvent de les y voir figurer.

Les responsables de La Hune décrivent leur clientèle comme «âgée, aisée, bourgeoise et intellectuelle, psychanalystes, médecins et éditeurs». En revanche, les étudiants des Beaux-Arts, dont l'école est à deux pas, ne fréquentent pas les rayons de la librairie alors même qu'elle possède un fonds remarquable spécialisé dans le livre d'art. Mais les commerces et les cafés du quartier ne correspondent pas au standing étudiant. Le 6e arrondissement est celui qui a la part de cadres et de professions intellectuelles supérieures la plus élevée dans la population active résidente. En 1982, le taux était de 38 % et de presque 52 % en 1999. La moyenne, pour Paris, à ces deux dates, était respectivement de 22 % et 35 %. Pour les ouvriers, c'est évidemment l'inverse : 8 % en 1982 et 4 % en 1999.

Les rues et les cafés de Saint-Germain-des-Prés accueillirent par contre les écrivains et les artistes dès l'après-guerre. **Le Flore**, qui succède à La Hune sur le boulevard Saint-Germain, reçoit la visite de Simone de Beauvoir à partir de 1939. Elle peut y rencontrer, outre Sartre, Picasso, Vian ou Adamov. Ce grand café deviendra emblématique d'une certaine période littéraire et artistique. Il faut dire que l'établissement est bien placé, entre La Hune et une autre bonne librairie, L'Écume des Pages.

Le Flore faisait partie du «Cossery Tour», la promenade régulière de cet écrivain d'origine égyptienne qui est mort en 2008, à l'âge de quatre-vingt-quatorze ans dans la chambre de l'hôtel Louisiane, rue de Seine, où il s'était installé depuis plusieurs décennies. Écrivain reconnu, original et radicalement étranger à toute forme de luxe ou de vie bourgeoise, c'est avec lui l'un des derniers pans du Saint-Germain-des-Prés chanté par Gréco ou Mouloudji, rêvé par des générations de lycéens provinciaux, qui disparaît, abandonnant le terrain aux touristes argentés, aux marchands de luxe et à une bourgeoisie sage et établie.

Entre La Hune et le Flore, la **rue Saint-Benoît** fut longtemps un haut lieu de la vie nocturne parisienne. Marguerite Duras a vécu au nº 2, où elle eut comme voisin Léo Larguier, un poète membre de l'académie Goncourt. Au nº 26, le Flore a ouvert une boutique où l'on peut acheter de la vaisselle estampillée aux couleurs de l'établissement. Une telle commercialisation est bien significative de l'entrée du quartier dans l'histoire et de sa mutation en magasin des souvenirs.

En face de la rue Saint-Benoît, de l'autre côté du boulevard Saint-Germain, au n° 151, la **brasserie Lipp** est un autre haut lieu de la vie littéraire et même politique de la capitale. Richement décorée de céramiques dues au père de Léon-Paul Fargue, l'auteur du *Piéton de Paris*, ses tables serrées et ses miroirs tapissant les murs accentuent le sentiment d'être dans un lieu où se donnent de multiples représentations croisées. Hommes politiques, professionnels des lettres et des arts se côtoient dans la diversité des orientations et des idées. Cette brasserie rivalise dans le monde littéraire avec les Deux Magots et le Flore. Elle aussi dispose d'un prix, qui porte le nom du modeste Auvergnat monté à Paris, Marcelin Cazes, qui reprit la brasserie en 1925. Fasciné par une clientèle parmi laquelle on pouvait reconnaître nombre d'écrivains connus, dont Saint-Exupéry et Gide, il créa en 1934 cette distinction réservée à un auteur jamais encore primé.

Lipp, le Flore et les Deux Magots sont aujourd'hui protégés en tant que lieux de mémoire. Ces trois enseignes se sont regroupées avec des maisons de luxe, comme Vuitton, Cartier ou Armani, dans le Comité Saint-Germain, créé en 1997. Culture et argent font, aujourd'hui, bon ménage dans cette instance représentative d'un consensus qui met en cause des clivages qui furent rigoureux en d'autres temps. L'un des objectifs de ce comité, qui travaille en étroite collaboration avec la mairie du 6e arrondissement, est, selon l'un des dirigeants de Lipp, «d'essayer de conserver Saint-Germain-des-Prés dans l'esprit et la configuration visuelle de ce qu'il a toujours été». Sur ce point, ce comité ne se distingue guère de deux autres associations qui ont été créées, elles aussi, en 1997 pour la défense du quartier. Juliette Gréco fut la présidente d'honneur de «SOS Saint-Germain-des-Prés» alors que Catherine Deneuve, Charles Aznavour et Jean-Paul Belmondo se retrouvaient à «L'Esprit des lieux».

Ces associations avaient pourtant une approche différente des maisons de luxe qu'elles percevaient comme une menace pour la vitalité culturelle du quartier. Il faut dire qu'elles regroupaient plus les habitants que les sociétés. Les nouveaux venus du luxe s'attribuent les qualités du changement et de la modernité tandis que ceux qui défendent une certaine idée conviviale de la vie de quartier, s'appuyant sur l'existence de commerces et de services de proximité, avec un boulanger, un bar-tabac, un coiffeur, sont classés dans la catégorie des conservateurs.

En revenant vers la **rue de Rennes**, on ne peut manquer l'**Emporio Armani** qui occupe à l'angle du boulevard Saint-Germain l'emplacement d'un drugstore et d'un cinéma. La boutique de prêt-à-porter du couturier milanais offre, depuis 1998, un style délibérément jeune et *show-biz* qu'incarnent les vendeurs et vendeuses que l'on hésite à désigner par des termes aussi communs. Le drugstore, ouvert tard dans la nuit, assurait un va-et-vient incessant. La fermeture d'Armani à 20 heures contribue au déclin de la vie nocturne du quartier qui est dû à l'absence de bistrots et de restaurants bon marché.

Le disquaire Raoul Vidal a cédé la place, à l'autre angle de la rue de Rennes, au **joaillier Cartier** qui occupe les lieux dans un décor en marbre vert de

Carrare. «C'est ici au 41, rue de Rennes, tout près du Café de Flore et des Deux Magots, que la maison Cartier trouve aujourd'hui un écrin de rêve pour contenir la poésie de ses créations. Comme l'écrivain, le joaillier, passeur de nuances, de subtilités, crée un univers fait d'épures et d'exigences», est-il écrit, sans modestie excessive, dans la brochure remise par cette maison à l'occasion de l'inauguration, en 1998, de ses nouveaux locaux.

Emporio Armani à droite, boutique Cartier à gauche, le promeneur à l'entrée de la rue de Rennes pourrait se croire avenue Montaigne ou rue du Faubourg-Saint-Honoré. Aussi commence-t-on dans le quartier à parler de carré d'or pour désigner cette intrusion massive du luxe. On assiste à un véritable tir groupé, dans la logique de cet univers où se distinguer des collègues par une adresse atypique revient à prendre le risque de la marginalisation. La clientèle est par définition étroite et ne tolère l'originalité et la différence que dans le respect des canons de la transgression que représente la mode. L'installation du luxe à Saint-Germain-des-Prés suppose donc que certaines conditions soient remplies et que l'obstacle rédhibitoire d'une vie intellectuelle critique soit levé. Le triomphe de l'idéologie néolibérale a aussi pour effet d'installer Armani, Cartier, Dior sur les vestiges de Vian, Prévert, Picasso et Sartre.

La rue Bonaparte et la place Saint-Sulpice : l'empereur et le saint en mauvaises postures

Passé la fontaine de la petite place du Québec, en prenant à droite la **rue Bonaparte**, on égrène une série de boutiques chic et élégantes. La joaillerie Swarovski, au n° 52, ouvre la dense succession des bijouteries. Max Mara est à l'angle de la rue du Four.

La **place Saint-Sulpice** était, avant l'arrivée en force du luxe, le haut lieu d'un art voué à la décoration des églises : crucifix, statues et objets de culte les plus divers. À l'angle de la place avec la rue Bonaparte, à gauche, Yves Saint-Laurent donne le ton depuis 1976. Au n° 10, à côté, ainsi qu'au n° 8, «G. Thuillier - Art religieux» est l'unique survivant, sans doute destiné lui aussi à disparaître, d'un temps ancien qui ne laissera pas d'autre trace que le néologisme saint-sulpicien forgé pour désigner cette production.

À l'angle de la **rue des Canettes**, le Café de la Mairie offre un excellent lieu d'observation d'ailleurs utilisé par Georges Perec dans sa *Tentative d'épuisement d'un lieu parisien*. «Il y a beaucoup de choses place Saint-Sulpice, par exemple : une mairie, un hôtel des finances, un commissariat de police, trois cafés dont un fait tabac […] [1].» Les deux autres établissements qui accueillirent l'écrivain pour son travail de terrain, le Bar-Tabac Saint-Sulpice et le café de la Fontaine Saint-Sulpice, ont disparu.

Yves Saint-Laurent occupe encore l'autre angle avec la rue des Canettes, avec à ses côtés Lola, puis Christian Lacroix, au n° 4, qui a pris la place des

---

1. Georges Perec, *Tentative d'épuisement d'un lieu parisien*, Paris, Christian Bourgois, 1975, p. 11.

éditions Robert Laffont en 1995. Au n° 2, un joaillier a supplanté une boutique d'art religieux.

Le reste de la place n'est pas encore concerné par ce mouvement de conquête par le luxe. L'église offre, dans la première chapelle à droite, des fresques d'Eugène Delacroix qui, pour les réaliser, avait élu domicile tout près, rue de Furstemberg. On peut y visiter son atelier et un jardin merveilleusement préservé. L'église Saint-Sulpice propose un antique distributeur d'eau bénite dans la chapelle Saint-Martin, toujours à droite, au fond du chœur. Les bénitiers, en coquillages des mers du Sud, ont été sculptés par Pigalle, qui a beaucoup travaillé pour l'art sacré mais dont le nom symbolise plutôt le commerce du sexe, dynamique autour de la place qui lui a été dévolue.

En sortant, on se trouve face à une fontaine décorée par les statues de quatre hommes d'Église, Fléchier, Bossuet, Fénelon et Massignon. Simples évêques, ils font néanmoins face aux quatre points cardinaux ! Derrière, on retrouve la rue Bonaparte dans une partie qui a conservé son caractère cultuel et administratif : la librairie La Procure, spécialisée dans le livre religieux, la mairie de l'arrondissement avec son poste de police, les éditions Plon et Perrin, au n° 76 de la rue Bonaparte, et la Maison de la Chine qui propose des thés grands crus à la vente et à la dégustation, dans un cadre chic et épuré.

La **rue du Vieux-Colombier**, à gauche, et la **rue de Rennes**, à droite, permettent de revenir sur le boulevard Saint-Germain. Elles égrènent des noms qui font la célébrité d'autres lieux. Céline et Kenzo, maisons de prêt-à-porter de luxe, voisinent aux n°s 58 et 60 de la rue de Rennes. Weston, chausseur bien français malgré ce pseudonyme à la mode anglo-saxonne, est au 49, Lancel, bagagiste, au 43.

Pour quitter le quartier, la station de métro Saint-Germain-des-Prés, au pied du clocher vénérable, rappelle, sous terre, le souvenir de ceux qui contribuèrent à faire connaître l'endroit au-delà des mers. Les regards de Guillaume Apollinaire, Albert Camus, Léon-Paul Fargue, Jean-Paul Sartre, Juliette Gréco, Boris Vian, Jacques Prévert et Robert Desnos suivent le voyageur s'éloignant vers le quai.

BIBLIOGRAPHIE

FROMAGEOT Paul, *La Rue de Buci*, Paris, Le Livre à la Carte, 1997.

GRÉCO Juliette, *Jujube*, Paris, Stock, 1982.

HAMON Hervé et ROTMAN Patrick, *Les Intellocrates. Expédition en haute intelligentsia*, Paris, Ramsay, 1981.

HANOTEAU Guillaume, *L'Âge d'or de Saint-Germain-des-Prés*, Paris, Denoël, 1965.

HEMINGWAY Ernest, *Paris est une fête*, Paris, Gallimard, 1964.

Histoire d'une librairie-galerie, La Hune, à Saint-Germain-des-Prés, Paris, Éditions du Centre Georges-Pompidou, 1988.

JACOB Andrée et LÉRI Michel, *Vie et Histoire du 6e arrondissement*, Paris, Hervas, 1986.

LARGUIER Léo, *Saint-Germain-des-Prés, mon village. Le sixième arrondissement*, Paris, Plon, 1938.

MALET Léo, *Le Sapin pousse dans les caves*, Paris, Fleuve Noir, 1994 (série «Les nouveaux mystères de Paris», 6ᵉ arrondissement).

MERVELEC Roger de, *Les Lapins du Flore*, Paris, La Jeune Parque, 1964.

PEREC Georges, *Tentative d'épuisement d'un lieu parisien*, Paris, Christian Bourgois, 1982.

PERRY Jacques, *Rue du Dragon. Essai d'ethnologie d'une rue de Saint-Germain-des-Prés à Paris*, Paris, Édition Spéciale, 1971.

STREIFF Gérard, *Procès stalinien à Saint-Germain-des-Prés*, Paris, Syllepse, 2000.

VIAN Boris, *Le Manuel de Saint-Germain-des-Prés*, Paris, Chêne, 1974.

CHAPITRE IV

Le Triangle d'or :
la transformation des quartiers bourgeois en quartiers d'affaires

Le rond-point des Champs-Élysées : un lieu stratégique

À l'angle des Champs-Élysées et de l'avenue Montaigne se situe une ligne de partage des eaux telle que les personnes de la haute société s'engagent sans hésiter sur l'artère du luxe, l'avenue Montaigne, alors que celles qui appartiennent aux catégories moyennes ou populaires fréquentent spontanément les Champs-Élysées.

Les hôtels particuliers somptueux de la famille et de la société Dassault s'imposent à qui sort du **métro Franklin-Roosevelt**. À cet angle du Triangle d'or, formé par l'avenue Montaigne, l'avenue George-V et l'avenue des Champs-Élysées, se dressent ces témoins de fastes de la fin du XIXᵉ siècle et du début du XXᵉ siècle. Le bâtiment du nᵒ 7 fut construit en

Le Triangle d'or

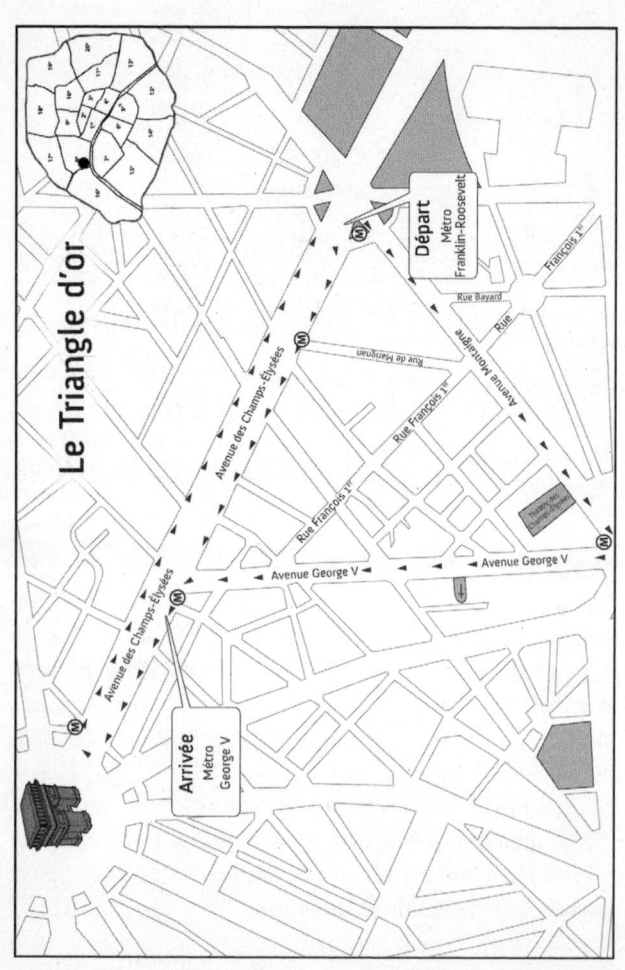

Départ
Métro
Franklin-Roosevelt

Arrivée
Métro
George V

Avenue des Champs-Élysées

Avenue des Champs-Élysées

Avenue George V

Avenue George V

Rue François 1er

Rue François 1er

Rue François 1er

Rue Bayard

Rue de Marignan

Avenue Montaigne

1890 pour la comtesse de Lehon, dont il conserve le nom. Elle avait pour voisin, au n° 9, son amant, le duc de Morny. Marcel Dassault, qui devait sa fortune au succès de ses avions, dont la célèbre série des Mirage, avait établi une partie de ses bureaux directoriaux dans ces locaux. La société Dassault y reçoit encore ses clients les plus importants. En 2008, le premier des petits-enfants de Serge et Nicole Dassault, Julien, y a fêté son mariage, entouré de familles aux noms prestigieux, les Giscard d'Estaing, les Bolloré, ou les Pastor.

Le n° 7 abrita les bureaux de *Jours de France*, également propriété de Marcel Dassault. Pour loger la rédaction de cet hebdomadaire illustré et consacré à la « vie parisienne » et aux personnalités de tous ordres, la surface utile du bâtiment avait été doublée. Depuis 1999 Artcurial y propose au rez-de-chaussée et au sous-sol des lithographies et des sculptures contemporaines. Ces activités à forte charge symbolique sont représentatives des enjeux urbains de ce quartier haut de gamme.

Ces bâtiments du rond-point rappellent ce qu'était encore l'avenue des Champs-Élysées durant l'entre-deux-guerres. Il a été rebaptisé du nom de Marcel Dassault. Mais, comme pour la place de l'Étoile, aujourd'hui place Charles-de-Gaulle, la nouvelle dénomination a du mal à s'imposer dans l'usage courant, tant ces lieux sont connus et font partie d'une toponymie fondamentale de Paris.

L'avenue Montaigne :
l'apogée de la griffe spatiale

L'**avenue Montaigne**, encore habitée avant la Seconde Guerre mondiale par des familles de la noblesse fortunée et de la vieille bourgeoisie, est devenue l'une des artères les plus chic de Paris, où les boutiques de luxe et les grands couturiers se succèdent telles les perles d'un collier. Ainsi les briquets Dupont, qui ont étendu leur activité à tous les accessoires de luxe, sont au n° 58 et Jean-Louis Scherrer, qui partage l'immeuble avec d'autres enseignes du prêt-à-porter de luxe, au 51.

Jean-Louis Scherrer s'est installé à cette adresse en 1971. Il venait de la rue du Faubourg-Saint-Honoré, pourtant elle aussi fort cotée. Mais Scherrer ne pouvait sans doute pas rester à l'écart du mouvement de regroupement de la haute couture sur l'avenue Montaigne. Le GAN (Groupe des assurances nationales) est alors propriétaire des immeubles des n°s 51 et 53 et Scherrer devient leur locataire. Au fur et à mesure que des appartements se libèrent, il les occupe, contribuant ainsi à l'effritement continu et rapide du tissu résidentiel du quartier. Or ces immeubles, construits vers 1875, abritèrent durant presque un siècle des familles de la haute noblesse et de la bourgeoisie ancienne. Le prince Jean-Louis de Faucigny-Lucinge y naquit en 1904. Le *Bottin Mondain* de 1936 ne mentionne pas moins de 52 familles y résidant, dont la moitié jouit d'un titre nobiliaire. Aujourd'hui, outre Jean-Louis Scherrer, la boutique de prêt-à-porter Genny et quelques autres enseignes de luxe, les appartements abritent des cabinets d'avocats, de médecins, d'experts-comptables, des conseillers juridiques et fiscaux. La loge de la concierge elle-même a été réquisitionnée et des dizaines de sociétés y disposent d'un casier où un employé vient distribuer le courrier.

Historiquement, les familles de la noblesse et de la bourgeoisie ont créé leurs quartiers sur les terres encore vierges de l'ouest de la capitale. Aux XVIIIᵉ et XIXᵉ siècles, après avoir quitté le Marais, à l'est, elles se sont installées aux franges de Paris, alors occupées par des couvents et des maraîchers. Dans les faubourgs Saint-Germain et Saint-Honoré, tout d'abord, puis sur les Champs-Élysées et dans le 8ᵉ arrondissement, le nord du 16ᵉ et le sud du 17ᵉ. Ces quartiers neufs, habités par des familles fortunées, bénéficient d'emblée d'une griffe spatiale qui, semblable à la griffe des grands couturiers, constitue un label de qualité pour cet habitat exceptionnel par l'esthétisme des immeubles, les surfaces généreuses des appartements et le calme ombragé des avenues[1].

Mais les belles adresses de la haute société attirent la convoitise des industries, des banques, des compagnies d'assurances à la recherche, pour leurs sièges sociaux, de localisations dignes de l'image qu'elles entendent donner d'elles-mêmes. Les ambassades, les industries du luxe, les cabinets d'avocats et autres sociétés de conseils font concurrence aux familles

---

1. Michel Pinçon et Monique Pinçon-Charlot, *Quartiers bourgeois, quartiers d'affaires*, Paris, Payot, 1992.

dans le processus d'appropriation de la griffe spatiale, fruit de l'urbanisation grande bourgeoise. Peu à peu, les appartements et les hôtels particuliers sont achetés, à l'occasion de successions, et aménagés en bureaux, en boutiques et même en ateliers pour les grands couturiers qui doivent produire sur place pour mériter leur label.

Les grandes familles se détournent alors d'un habitat qui a perdu son âme, étant vidé de la substance résidentielle qui en faisait le prix, au moins symbolique. Cela se lit dans les évolutions démographiques saisies par les recensements : la population du 8e arrondissement passe de 15 000 habitants en 1805 à 108 000 en 1891, durant un siècle d'urbanisation intensive et fastueuse. On n'y compte plus que 80 500 habitants en 1954 et moins de la moitié, 39 300, en 1999, alors qu'à la même date quelque 225 000 personnes y travaillent. Entre 1999 et 2005, le dépeuplement s'est nettement ralenti puisque les estimations portaient à 39 200 le nombre d'habitants dans le 8e arrondissement, sachant que pour la même période la population parisienne a augmenté de 27 700 habitants.

Les beaux quartiers tendent à devenir des cités financières et des supermarchés pour les industries du luxe et, corrélativement, à se désertifier. Un vide résidentiel s'installe qui accélère le mouvement de départ des familles, laissant le champ libre aux affaires. Cette mainmise progressive des affaires se joue en trois temps : apogée mondain d'une aire résidentielle, hégémonie des bureaux et des locaux commerciaux, déclin urbain de rues qui se dévitalisent, ayant été vidées de leur population résidente. Les trois actes de cette tragi-comédie urbaine se jouent aujourd'hui simultanément sur les trois avenues qui dessinent ce que les promoteurs, en mal d'appellations flatteuses, ont baptisé le Triangle d'or. L'avenue Montaigne, l'avenue George-V et l'avenue des Champs-Élysées vivent dans des chronologies décalées qui permettent d'observer, sur un territoire restreint, la naissance, la vie et la mort d'une griffe spatiale.

Le n° 50 de l'**avenue Montaigne** est exemplaire de ces mutations. La façade, dans le style du XVIIIe siècle bien que construite à la fin du XIXe, masque une rénovation totale de l'intérieur de l'immeuble qui n'a pas conservé une seule boiserie de ses origines. Hôtel particulier du comte de Lariboisière, il fut occupé à partir de 1922 par la maison de haute couture de Madeleine Vionnet. Celle-ci fit construire sur cour un bâtiment de six étages, à usage d'ateliers, densification du bâti qui, en faisant disparaître les communs ou les écuries, modifie de manière insidieuse le cadre urbain en augmentant le taux d'occupation du sol. Devenu propriété de la société Philips France, qui y installa son siège social, cet hôtel a été revendu en 1988 à un promoteur, Orcofi. Après de radicales transformations, les bureaux parisiens de compagnies bancaires se sont installés dans des locaux rénovés. Le siège social de Philips a, lui, émigré à Suresnes, à proximité immédiate de La Défense, où la société disposait déjà de bureaux. On a donc assisté dans les années 1980 à des départs pour des installations modernes qui permettaient de regrouper l'ensemble des services centraux du siège. Le changement des fonctions d'un immeuble ou d'un hôtel particulier n'implique pas une transformation visible de la façade.

Or celle-ci est seule accessible au passant, depuis la rue. Les locaux d'habitation devenus des bureaux ont pu se multiplier sans que cela soit perçu.

L'installation, dans les années 1980, de la joaillerie O.-J. Perrin, au n° 36, a eu un autre sens. Les joailliers ne se pressent pas sur l'avenue Montaigne : leur quartier de prédilection reste celui de la place Vendôme et de la rue de la Paix. Perrin, en outsider de la profession, a risqué l'installation à la place d'une boulangerie. Les perles et les joyaux ne firent guère l'affaire des rares habitants qui voyaient disparaître l'un des derniers commerces de proximité. Le café sans prétention, situé à l'angle avec la **rue de Marignan**, au 41 de l'avenue Montaigne, a été remplacé par une brasserie chic, qui vient encore de monter d'un cran dans la hiérarchie limonadière avec sa reprise par les frères Costes. Quant au bar-tabac qui faisait l'angle avec la **rue Bayard**, il a cédé la place à la maison Chanel qui, à la manière de Dior, ne cesse d'étendre ses ramifications dans le quartier, ayant dans la foulée acheté la pharmacie du n° 42. Cette évolution n'est pas pour rien dans le mouvement d'émigration engagé depuis plusieurs décennies par les familles du cru. En 1998, Céline, une maison d'accessoires féminins de luxe, qui était déjà dans l'hôtel particulier du n° 38, occupé autrefois par une famille de la grande bourgeoisie puis par le siège de Total, a repris les locaux de Perrin, et donc de l'ancienne boulangerie, s'agrandissant ainsi de manière significative.

Le luxe est un univers professionnel relativement autonome, avec ses hiérarchies et ses concurrences. Parmi les éléments qui contribuent à définir la position dans le champ figure la localisation des activités. Aucun joaillier de renommée mondiale ne peut ignorer la place Vendôme. De même, on n'imagine pas un grand couturier ayant ses ateliers et ses salons principaux ailleurs que dans le quartier de l'avenue Montaigne. Les structures de l'espace urbain exercent ainsi une véritable dictature sur les localisations qui ne peuvent échapper à ces déterminations sociologiques dont le respect conditionne les possibilités de réussite.

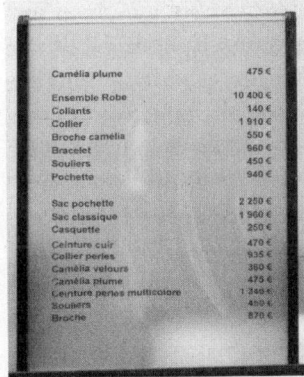

La haute couture, en tant qu'activité spécifique, apparaît au milieu du XIXe siècle. Elle s'installe d'abord rue de la Paix, place Vendôme et dans les alentours. En 1909, Paul Poiret tente une première percée vers l'ouest en ouvrant des salons à l'angle de l'avenue Franklin-Roosevelt et de la rue du Faubourg-Saint-Honoré, puis, en 1924, au rond-point des Champs-Élysées. Entre 1916 et 1940, plus d'une dizaine d'autres grands couturiers, en provenance eux aussi du quartier de la place Vendôme, viennent le rejoindre. Les plus célèbres d'entre eux sont Maggy Rouff, Jacques Heim, Jean Dessès, Balenciaga et Jacques Fath. Le mouvement vers l'ouest est donc bien lancé dès l'entre-deux guerres. Il se poursuit après la Libération avec Pierre Balmain (1944), Carven (1945), Christian Dior (1947). Puis ce sera le tour d'Yves Saint-Laurent, de Guy Laroche, de Givenchy, de Jean-Louis Scherrer, de Nina Ricci, qui s'installera juste en face de chez Dior, au n° 33, et d'André Courrèges[1].

Devant les portes de **Dior,** au **n° 32 de l'avenue Montaigne**, le badaud ordinaire se sent interdit de séjour, alors même que l'entrée est libre. Mais pénétrer dans une boutique aussi luxueuse, c'est se faire remettre à sa place, du moins symboliquement. Car tout vous signifie que, justement, vous n'êtes pas à votre place : le prix et la qualité des objets, mais surtout la pléthore de personnel. Cette incongruité induit une sorte de culpabilité, semblable à celle que ressentirait le touriste qui se serait glissé, dans une église orthodoxe, derrière l'iconostase, franchissant la frontière impalpable entre le profane et le sacré. La timidité sociale est sans doute l'une des armes les plus sûres de la reproduction des hiérarchies. Cette violence symbolique est à son paroxysme aux n°s 24 et 22 de l'avenue, devant les boutiques Dior consacrées aux vêtements pour bébés et jeunes enfants. La qualité des tissus, des couleurs, des coupes fait pressentir que de telles toilettes sont des initiations précoces à la suavité des étoffes, à l'aisance des formes, au charme des teintes. Jamais de poignets dépassant de manches trop courtes, jamais de

---

1. Voir Madeleine Delpierre, «La haute couture parisienne aux Champs-Élysées et dans le quartier de l'Alma», dans *Les Champs-Élysées et leur quartier*, Délégation à l'action artistique de la Ville de Paris, 1988, p. 170-175, et Janine Hénin, *Paris Haute Couture*, Paris, Éditions Philippe Olivier, 1990, p. 79-89. Voir aussi Pierre Bourdieu, avec Yvette Delsaut, «Le couturier et sa griffe : contribution à une théorie de la magie», *Actes de la recherche en sciences sociales*, n° 1, janvier 1975, p. 7-36.

chaussures qui, n'ayant pas grandi en même temps que celui qui les porte, en blessent les pieds. Au contraire, ces vêtements magnifient les petits corps et sont au principe de l'élégance qui sera celle de l'adulte.

Les magasins de luxe continuent à s'égrener. On passe devant un grand magasin Louis Vuitton, le bagagiste des voyageurs fortunés, qui a investi les locaux abandonnés par France Télévisions, replié dans le 15ᵉ arrondissement. Armani et Emmanuel Ungaro sont au nº 4. Dans le même immeuble, le bar des Théâtres est un lieu d'observation abordable. Lieu de rendez-vous du quartier, les mannequins en sont des habitué(e)s.

De l'autre côté de l'avenue, le **Plaza Athénée**, au **nº 25**, est l'un des palaces de Paris, un de ces hôtels hors catégorie tels que la haute société internationale peut les retrouver à travers le monde. Il appartient à la Brunei Investment Agency, émanation du sultanat pétrolier de l'archipel indonésien. Sur les Champs-Élysées, les établissements équivalents n'ont pas pu résister aux effets négatifs de la boulevardisation de l'avenue. Le Plaza, lui, qui date pourtant de la même époque, semble prospère. Une rénovation importante l'a remis à neuf et les allées et venues des limousines devant ses portes témoignent d'une clientèle très aisée.

À proximité immédiate, le **théâtre des Champs-Élysées** semble mal porter son nom. Il devait être construit au début du siècle sur l'autre avenue, encore résidentielle à l'époque. Les familles qui y occupaient des hôtels particuliers réussirent à faire déplacer le projet qui fut réalisé au 13-15 de l'avenue Montaigne. Dessiné par Auguste Perret, décoré de hauts-reliefs et de fresques de Bourdelle, le plafond de la salle ayant été peint par Maurice Denis, le bâtiment est l'un des plus intéressants de l'avenue. Ses sous-sol hébergent des salles d'exposition de Drouot-Montaigne, dont l'accès est libre, où sont présentés les tableaux et les objets d'art des ventes aux enchères de prestige qui s'y tiennent régulièrement. Elles attirent un public international et participent au renom de l'avenue. Ses rares habitants se sont mobilisés pour empêcher la construction d'un restaurant, «La Maison Blanche», en surélévation du théâtre. Invisible depuis le trottoir, cet établissement se révèle lorsqu'on s'éloigne et vient casser l'ordonnancement de la façade de l'immeuble. Les convives bénéficient, eux, de vues séduisantes sur la Seine, les Invalides, un panorama urbain d'une ampleur à la mesure des prix de la carte.

L'avenue Montaigne, jumelée avec Madison Avenue à New York, concentre donc aujourd'hui la haute couture et le prêt-à-porter de luxe. Conscients de la valeur symbolique de leur adresse, les patrons et responsables des activités qui y sont implantées ont créé un comité Montaigne dont la vocation réside dans la valorisation et la défense de cette griffe spatiale.

L'avenue George-V : la lente érosion de la fonction résidentielle

Cette avenue a elle aussi son comité depuis 1979. Si l'avenue Montaigne a atteint l'optimum du développement d'une artère consacrée au luxe et aux activités soucieuses de prestige urbain, sur l'**avenue George-V**, les familles et les affaires cohabitent encore. Le luxe y est présent, avec des sociétés comme Givenchy, au n° 3, et Yves Saint-Laurent au n° 7. On retrouve la trace des grands hôtels particuliers de familles de la noblesse, au n° 9, qui appartint aux marquis de Ganay et qui abrite l'Assemblée des chambres d'agriculture. Il fut conçu, en 1897, par l'architecte Sanson, qui signa l'aménagement intérieur de l'hôtel Crillon, place de la Concorde. À l'intérieur, le grand escalier de droite conserve toute sa majesté et des fresques y représentent le château de Courances, près de Fontainebleau, propriété des Ganay. Les n°s 11, 13 et 15 sont occupés par les ambassades de Chine et d'Espagne qui ont investi d'anciens hôtels particuliers. Les photographies de celui qui existait au nº 17 ornent l'entrée de l'immeuble récent qui l'a remplacé. Habité autrefois par le marquis de Moustiers, ce bâtiment a été remonté pierre à pierre aux États-Unis. À côté ou en face demeurent des immeubles encore résidentiels, beaucoup plus nombreux que sur les autres avenues qui forment le Triangle d'or.

L'avenue George-V accueille quelques établissements confessionnels. Au nº 23, l'église épiscopale américaine de la Sainte-Trinité abrite un cloître pseudo-gothique. Au nº 28, le Centre Chaillot-Galliera est géré par la paroisse Saint-Pierre-de-Chaillot. Son activité est orientée prioritairement vers les personnes qui travaillent dans le quartier avec un restaurant bon marché en libre service, un foyer de jeunes travailleuses, une bibliothèque, une école pour enfants handicapés et une chapelle. Une plaque, près de l'entrée, rappelle que c'est grâce au legs de la duchesse de Galliera, dont l'hôtel particulier au milieu de son parc s'élevait à cet endroit, que ces activités sociales et religieuses peuvent se tenir ici, à deux pas de l'Étoile, dans un quartier tout entier consacré au luxe et à l'argent.

L'hôtel George V, au n° 31, l'un des grands palaces parisiens, a bénéficié d'une rénovation totale. Une épicerie chic, de la chaîne Hédiard, en occupe une partie du rez-de-chaussée. L'entrée est libre et le plaisir des yeux garanti. En face, la chapellerie Motsch, maintenant annexée par une boutique Hermès, propose toujours des chapeaux réalisés sur mesure. Autrefois les formes des têtes de ses clients étaient conservées sur des étagères.

Les Champs-Élysées : l'effritement de la griffe spatiale

Dans la deuxième moitié du XVIIe siècle, Le Nôtre, sous la direction de Colbert, crée, dans le prolongement du jardin des Tuileries, une avenue de soixante-dix mètres de large, plantée d'arbres. Elle est un lieu de promenade peu habité jusqu'au XIXe siècle. En 1800, on y compte six maisons, dont la plus ancienne est l'hôtel du duc de Massa, construit en 1784. La largeur de l'avenue et sa situation exceptionnelle dans l'axe des

Tuileries et du palais royal du Louvre sont à l'origine d'un succès rapide qui ne s'est jamais démenti.

Au n° 101 de l'**avenue des Champs-Élysées**, à l'angle avec l'avenue George-V, le très vaste magasin Louis Vuitton propose du prêt-à-porter de luxe, et des accessoires de mode, dont les articles de maroquinerie qui ont fait la réputation internationale de cette marque. Grâce à la création d'une galerie  d'exposition, qui présente des œuvres d'artistes contemporains, l'établissement a obtenu en 2007 l'autorisation d'ouvrir le dimanche en se prévalant d'être aussi un lieu de loisir à caractère culturel.

Le luxe avait presque disparu de l'avenue dans les années 1980, à part quelques rares enseignes, celles de Guerlain, inamovible depuis le XIXe siècle, et de Weston, plus récemment installé. Les enjeux politiques et économiques liés à la prestigieuse avenue, située sur l'axe historique allant du Louvre à la Défense, sont tels qu'en fonction de sa fréquentation, des fluctuations municipales et des aménagements, les enseignes du luxe y vont et viennent. Vuitton a quitté en 1954 l'immeuble du n° 70, où une inscription, «Vuitton Building, 1913», rappelle encore ce passé, pour l'avenue Marceau. En 1989, une autre boutique s'installe avenue Montaigne. En février 1998, après des travaux de revalorisation de l'avenue, Vuitton ouvre ce magasin de 1 000 m^2 au n° 101, en face du Fouquet's. La redistribution des activités entérine ainsi des évolutions de la griffe des avenues.

En remontant les «Champs», comme disent volontiers les Parisiens, vers «l'Étoile», autre expression consacrée, on passe, du côté ombre et impair, devant le siège parisien de la banque HSBC au n° 109. L'immeuble, luxueux et empreint de majesté, fut à l'origine celui d'un grand hôtel international, l'Élysée-Palace, remplacé dès 1920 par le Crédit commercial de France, intégré depuis dans le groupe bancaire HSBC. Aux n°s 111 et 127, on retrouve les boutiques de luxe avec Hugo Boss et Lancel. L'avant-dernier immeuble avant l'Étoile abrite le drugstore des Champs-Élysées et le siège de la société Publi-cis, derrière une façade récente au modernisme spectaculaire. Autrefois s'élevait à cet endroit un autre palace, l'Astoria, qui a disparu dans un incendie en 1972.

Les Champs-Élysées furent un temps le symbole par excellence du luxe, de l'univers doré dans lequel vivent les clients des palaces internationaux. Or ceux-ci ont fermé l'un après l'autre. Outre l'Élysée-Palace et l'Astoria, le dernier hôtel de luxe de l'avenue, le Claridge, du côté des numéros pairs, au n° 74, cède la place, en 1977, à une galerie marchande, où la FNAC a ouvert un magasin, et, dans les étages, à une discrète résidence hôtelière à l'architecture intérieure restructurée et banalisée.

Le néologisme «boulevardisation» était couramment utilisé par les journalistes ou les praticiens de l'urbanisme dans les années 1980 lorsqu'ils exprimaient leurs inquiétudes quant au destin des Champs-Élysées, en référence à la paupérisation des Grands Boulevards, entre le boulevard Montmartre et le boulevard Saint-Martin. Les années soixante marquent en effet un tournant dans l'évolution de l'avenue: les commerces de luxe ont commencé à céder la place devant la pression des bureaux et de commerces moins prestigieux. S'il est vrai que les Champs-Élysées attirent parce qu'ils symbolisent encore le luxe pour ceux qui en sont le plus éloignés, il y a d'autres raisons au *melting-pot* social qui s'esquisse sur les trottoirs. Tous les groupes sociaux ont une bonne raison d'aller «sur les Champs», qu'ils y habitent, mais cela est devenu rarissime, qu'ils y aient leur bureau, comme le P-DG de telle entreprise de BTP, ou leur travail, comme le plongeur du Fouquet's ou le vigile à l'entrée de Virgin, ou encore qu'ils y viennent pour se promener, dîner, aller au cinéma ou simplement admirer les lumières de la ville. Les touristes du monde entier sont attirés par «la plus belle avenue du monde».

La Ville de Paris a réalisé, au milieu des années 1990, une opération de rénovation et de mise en valeur dont les effets sont visibles dans le paysage urbain. Les contre-allées, envahies par les automobiles en stationnement, ont été rendues aux piétons qui peuvent retrouver un peu de l'ambiance de l'ancienne promenade plantée où l'on musardait à pied ou à cheval. D'autant qu'une deuxième rangée d'arbres a été plantée, qui assure un couloir de verdure faisant un peu oublier la densité des constructions et celle de la circulation. Le mobilier urbain a été repris. Des copies d'éléments du XIXᵉ siècle, les lampadaires, les colonnes Morris qui abritent parfois des cabines téléphoniques, ou encore les kiosques à journaux, recréent une ambiance de boulevard haussmannien. Qui est toutefois contredite par le mobilier contemporain dessiné par Jean-Michel Wilmotte : candélabres éclairant la chaussée, feux tricolores et bancs publics. Cette coexistence a d'ailleurs soulevé quelques objections. Les installations des différents commerces, en particulier les terrasses des cafés et des restaurants et les enseignes, ont fait l'objet d'une réglementation plus stricte alors que les sols des trottoirs et contre-allées ont été repris en dalles de granit. Un parking en sous-sol compense les places perdues par le stationnement en surface. L'avenue a retrouvé une certaine jeunesse et des commerces de luxe sont revenus. La reconquête aboutira-t-elle ?

En juillet 1997, l'ouverture d'un grand hôtel international semble amorcer un mouvement dont on ne saurait surestimer la difficulté. L'**hôtel Marriott** s'est installé au **n° 70**, dans l'ancien immeuble de Louis Vuitton. L'entrée est discrète. Un atrium, au premier étage, a grande allure et marque une rupture sensible avec l'agitation et la cohue des trottoirs et contre-allées : comme après avoir franchi l'entrée d'un cercle, on se trouve soudain retranché du monde, en un lieu où le sentiment de calme et de sécurité est extrême. Il en est de même avec un deuxième palace qui a ouvert en 2006, avec une adresse avenue George-V, bien qu'il fasse l'angle avec les Champs-Élysées. Le **Fouquet's Lucien Barrière**, entièrement décoré par Jacques Garcia, vise le très haut de gamme. Il a hébergé le couple présidentiel pour la victoire de Nicolas Sarkozy le 6 mai 2007.

Ces signes évidents d'une reconquête de l'avenue par le luxe vont de pair avec la présence de commerces modestes. Du côté des numéros pairs, et du soleil, les grandes marques du luxe, comme Cartier et ses joyaux, Mont-Blanc et ses stylos, Guerlain le parfumeur, Weston le chausseur, Mauboussin dont la maison mère est place Vendôme, côtoient des enseignes plus humbles : Celio, prêt-à-porter pour adolescents et jeunes adultes, McDonald's, La Brioche Dorée, etc. Le rez-de-chaussée de l'immeuble de l'hôtel Mariott est occupé par Sephora, dans un vaste espace où sont proposés parfums et cosmétiques par des vendeurs et vendeuses cérémonieusement vêtus de noir et gantés de même. Des flacons sont laissés à la disposition de la clientèle et des visiteurs qui, hommes comme femmes, se pressent et se parfument volontiers. Les dames de la « bonne » société, en quête d'un cadeau pour une amie ou succombant à un petit caprice croisent des touristes anglo-saxons en short et baskets : on est bien encore sur les Champs-Élysées, avec ce magasin grand ouvert sur la rue. Le passant se sent le droit de pénétrer, comme il le ferait dans le hall de Mercedes ou chez le glacier Häagen-Dazs. Les points de repères sociaux sont brouillés par le *melting-pot* sociologique qui demeure encore la spécificité de l'avenue. Des vendeurs à la sauvette proposent des sacs à main issus de la contrefaçon, les travailleurs sans papiers du Bistrot Romain occupent le restaurant et distribuent des tracts aux passants sous les drapeaux rouges de la CGT.

Si le luxe a refait son apparition depuis la rénovation de l'avenue, il doit encore cohabiter avec des restaurants et des boutiques d'un niveau social bien plus modeste et se confronter à la concurrence des nouvelles enseignes de masse soucieuses de s'installer sur les Champs-Élysées. Ainsi la Commission départementale d'équipement commercial (CDEC), suivant la municipalité conduite par Bertrand Delanoë, avait refusé à l'enseigne suédoise H&M (prêt-à-porter de grande diffusion) l'autorisation de s'installer sur 2 820 mètres carrés disponibles dans la galerie marchande située au n° 90. Or le Conseil d'État, dans un arrêt du 24 septembre 2008, a finalement accordé le droit à cette marque d'occuper l'espace convoité. Les commerces du secteur textile représentent 40 % de ceux de l'avenue et se sont implantés au détriment des cinémas, ou même de la poste, qui ne pouvaient plus faire face aux loyers exigés par les propriétaires, souvent des sociétés immobilières cotées en Bourse.

Les halls d'exposition des constructeurs d'automobiles présentent un cas de figure original. Ils sont nombreux, des deux côtés de l'avenue. Leur présence remonte à l'époque où les privilégiés de la fortune venaient y faire carrosser un châssis De Dion Bouton ou Panhard et Levassor par des artisans ayant leurs boutiques sur l'avenue. La foule socialement composite qui déambule aujourd'hui sur les Champs-Élysées est en phase avec le bien de grande consommation qu'est devenue l'automobile. La présence de ces halls, au-delà de leur permanence, a changé de sens. Au n° 136, les véhicules de Peugeot sont généreusement mis en valeur. Le hall d'exposition de Mercedes-Benz, où le promeneur peut venir admirer de somptueux modèles de berlines, est au 118. Citroën a ouvert en 2007 un hall complètement rénové au n° 42, sur une parcelle très étroite (11 mètres) et par la force des choses tout en hauteur. Le style du bâtiment, dû à l'architecte Manuelle Gautrand, est moderne, avec de grandes baies vitrées qui donnent à la façade l'aspect d'un amoncellement de diamants. On peut emprunter les escaliers ou les ascenseurs pour profiter d'une vue en surplomb sur les Champs-Élysées et leurs alentours.

À la place du **Virgin Megastore** et du magasin **Monoprix**, aux n°s 52 à 60, se dressait au début du siècle l'hôtel du duc de Massa. Pour empêcher un promoteur de l'époque de le raser, les habitants de l'avenue, les mêmes qui s'opposèrent par la suite à la construction du théâtre des Champs-Élysées, engagèrent un combat déterminé. Au lieu d'être détruit, le bâtiment fut démonté pierre à pierre pour être reconstruit 38, rue du Faubourg-Saint-Jacques, dans le 14e arrondissement, où siège la Société des gens de lettres. L'immeuble qui abrite Virgin et le Monoprix mérite toutefois quelque attention pour lui-même car il s'agit d'un exemple intéressant de l'architecture des années trente.

Avant de traverser une nouvelle fois les «Champs», on passe devant deux enseignes du prêt-à-porter de masse, Zara et Gap, récemment installées, confirmation de l'attrait exercé par l'avenue sur les grandes marques internationales de la confection.

Le seul hôtel particulier qui témoigne encore des fastes du XIXe siècle abrite aujourd'hui, au **n° 25**, les locaux d'un cercle d'hommes d'affaires à vocation internationale, le Traveller's Club. Il fut construit dans les années 1850 pour la marquise de Païva. Les soirs de grande réception au Traveller's, on peut apercevoir, au-delà du restaurant, ouvert au public, aménagé à l'emplacement de la cour d'honneur, les miroitements des dorures du Second Empire. Classé, le somptueux hôtel accueille le dimanche matin, avant l'arrivée des premiers membres du cercle, des visites organisées par des conférenciers avec lesquels on peut parcourir les salons surchargés de stucs, de dorures et de passementeries, admirer un escalier en onyx et l'originale salle de bains de la Païva.

Au n° 53, le hall d'exposition de Renault complète la gamme des constructeurs automobiles.

La reconquête par les commerces de luxe se manifeste aussi de ce côté de l'avenue. Ainsi, au n° 75, la maison Ladurée, salon de thé distingué de la rue Royale, a ouvert un établissement dans un décor de fausse passementerie de métal doré, avec médaillons et têtes à la grecque. **Le Fouquet's**, à l'angle avec l'avenue George-V, a été restauré de fond en comble sous la direction du décorateur Jacques Garcia. Les professionnels du cinéma, producteurs, réalisateurs, scénaristes, acteurs, y ont leurs habitudes, et la menace de fermeture de ce restaurant provoqua la création d'une association de défense. Elle parvint à ses fins et le ministre de la Culture créa à cette occasion une nouvelle catégorie de protection, le « lieu de mémoire ».

La ville est un tissu vivant qui change sans cesse. Aussi est-il impossible de tenir rigoureusement à jour des indications et des renseignements sur une réalité en perpétuelle effervescence. Mais le Triangle d'or, particulièrement agité de soubresauts et d'évolutions qui ne vont pas toutes dans le même sens, est une excellente propédeutique à cette réalité mouvante de la ville.

BIBLIOGRAPHIE

Basse Pierre-Louis, *Ma chambre au Triangle d'or*, Paris, Stock, 2006.

Castans Raymond, *Parlez-moi du Fouquet's. Un siècle de vie parisienne sur les Champs-Élysées*, Paris, JC Lattès, 1989.

Delpierre Madeleine, «La haute couture parisienne aux Champs-Élysées et dans le quartier de l'Alma», dans *Les Champs-Élysées et leur quartier*,

Délégation à l'action artistique de la Ville de Paris, 1988.

Faucigny-Lucinge Jean-Louis de, *Un Gentilhomme cosmopolite*, Paris, Perrin, 1990.

Jacob Andrée et Léri Michel, *Vie et Histoire du VIIIe arrondissement*, Paris, Hervas, 1987.

Pinçon Michel et Pinçon-Charlot Monique, *Quartiers bourgeois, quartiers d'affaires*, Paris, Payot, 1992.

Pinçon Michel et Pinçon-Charlot Monique, «Les beaux quartiers parisiens convoités», dans *Universalia 2000*, Paris, Encyclopædia Universalis, 2000.

Pozzo di Borgo Roland, *Les Champs-Élysées*, Paris, La Martinière, 1997.

Le Quartier François 1er, entre les affaires et la culture, Paris, Auguste Thouard-Albin Michel, 1988.

Sorel Philippe, *Le Guide du promeneur. 8e arrondissement*, Paris, Parigramme, 1995.

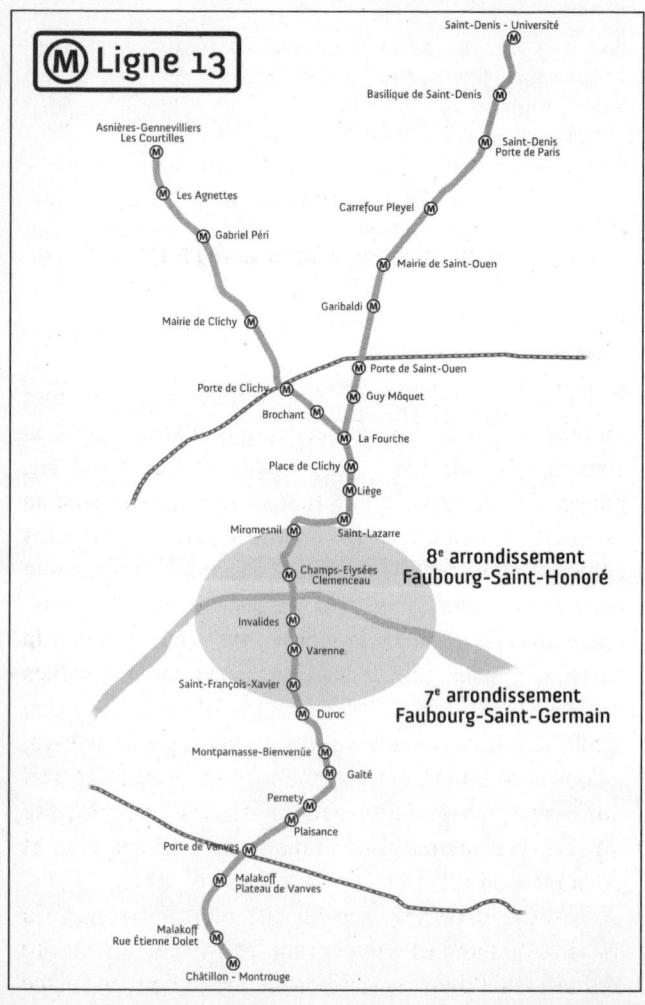

Ⓜ **Ligne 13**

Saint-Denis - Université

Basilique de Saint-Denis

Asnières-Genneviliers
Les Courtilles

Saint-Denis
Porte de Paris

Les Agnettes

Carrefour Pleyel

Gabriel Péri

Mairie de Saint-Ouen

Garibaldi

Mairie de Clichy

Porte de Saint-Ouen

Porte de Clichy

Guy Môquet

Brochant

La Fourche

Place de Clichy

Liège

Miromesnil

Saint-Lazare

**8e arrondissement
Faubourg-Saint-Honoré**

Champs-Elysées
Clémenceau

Invalides

Varenne

Saint-François-Xavier

**7e arrondissement
Faubourg-Saint-Germain**

Duroc

Montparnasse-Bienvenüe

Gaîté

Pernety

Plaisance

Porte de Vanves

Malakoff
Plateau de Vanves

Malakoff
Rue Étienne Dolet

Châtillon - Montrouge

CHAPITRE V

Le métro : Paris unifié ?

Le métro est un réseau de communication qui met en relation les différents quartiers de Paris et donc la société avec elle-même. Les voyageurs font cohabiter, par leur seule promiscuité temporaire, des fragments du monde social habituellement séparés. Certes les échanges sont réduits. Mais ils existent : ils sont une occasion de jeter un œil sur d'autres formes de l'existence sociale que l'on ne côtoie pas d'aussi près à la surface. Sur les pauvres ou les riches, sur les jeunes ou les vieux, sur les Noirs ou les Blancs. Le métro arrête le mouvement et contraint aux regards croisés, à l'observation muette et détachée. Au réseau matériel qui assure les déplacements physiques se superpose un réseau immatériel où transite de l'information et de la relation.

Ces flux en provenance des différents horizons de la société, rassemblés dans la rame, se dispersent au gré des descentes dans les stations. Le métro tient une place importante dans les représentations de Paris et de la

vie parisienne. Les provinciaux le craignent lorsqu'ils l'empruntent pour la première fois et émaillent leurs récits du voyage à Paris par les descriptions des incidents vécus et des découvertes faites. C'est que le métro, produit de la croissance urbaine, assure la circulation de voyageurs très divers, contraints à une cohabitation momentanée dans un espace réduit.

Un métro parisien
de plus en plus banlieusard

On a du mal à imaginer que Paris à la fin du XIXᵉ siècle était déjà très embouteillé. Les descriptions des embarras de Paris sont un genre littéraire ancien et récurrent. « Haquets chargés de fûts, fardiers attelés de neuf chevaux transportant des blocs de pierre, prolonges garnies de sacs de farine ou d'avoine, charrettes de foin ou de paille dont le contenu s'effondre par-fois sur les passants, voitures de maraîchers embouteillent les rues dès l'aube. S'y mêlent d'étranges véhicules mécaniques qui se multiplient d'inquiétante façon, tandis que se faufilent les vélocipédistes chaque jour plus audacieux[1]. » Les omnibus, tirés par des chevaux, et les autres moyens de transport en commun ont le plus grand mal à se frayer un passage dans ce capharnaüm.

Pourtant, à l'approche de 1900, Paris comptait déjà 31 lignes de tramway et 25 d'omnibus, et environ

---

1. Roger-Henri Guerrand, *L'Aventure du métropolitain*, Paris, La Découverte/Poche, 1999 [1ʳᵉ édition, 1986], p. 25.

10 000 fiacres (voitures de louage à chevaux). Plus de cent bateaux-omnibus assuraient les navettes entre Suresnes et Charenton. Le chemin de fer de ceinture, un peu excentré à l'époque, n'était pas très utilisé par les Parisiens. Mais il n'y avait toujours pas de métro alors que Londres (1863), Berlin (1871), New York (1872), Chicago (1892), Budapest (1896), Glasgow (1897) en étaient déjà pourvues. Toutefois le principe d'un métro avait été admis.

Les discussions étaient vives pour trancher sur une question capitale : serait-il aérien ou souterrain ? Les partisans de la solution en surface, et donc de la construction de viaducs, l'avaient emporté parmi les techniciens. Mais les opposants, au nom du respect des sites et de la beauté de Paris, s'organisèrent en une Société des amis des monuments parisiens. «Ils demandèrent la constitution d'une commission artistique chargée d'étudier les futurs tracés et de voir s'ils ne nuisaient pas à l'aspect de la capitale. Comme, de par leurs hautes fonctions, la plupart de ces hommes pouvaient agir là où se prenaient les décisions, il n'est pas interdit de penser que leurs interventions se sont révélées efficaces[1].» C'est l'un des premiers exemples des nombreuses interventions et des rapports de force qui pesèrent sur la réalisation du métro et des choix multiples que celle-ci demandait.

Le projet du réseau métropolitain fut voté le 9 juillet 1897 par le conseil municipal. L'exposition universelle de 1900 approchait : le déplacement des millions de visiteurs attendus pouvait difficilement se

---

1. *Ibid.*, p. 33.

concevoir sans l'appoint du nouveau mode de transport. Le 19 juillet 1900, la ligne 1, Porte-Maillot/Porte-de-Vincennes, est ouverte au public. La ligne 14, alors entre Madeleine et la Bibliothèque François-Mitterrand, est inaugurée en octobre 1998. Centenaire, le métro voit toujours s'ouvrir de nouveaux chantiers, intra-muros ou vers la banlieue, comme l'actuelle prolongation de la ligne 4 jusqu'à Montrouge : le réseau ne saurait être achevé.

À l'origine, la ville de Paris avait en charge les infrastructures. Le matériel roulant et l'exploitation étaient de la responsabilité de la Compagnie du chemin de fer du métropolitain de Paris, la CMP. Les vieux Parisiens se souviennent encore de ce monogramme à la signification obscure qui ornait les rudes mais inusables banquettes en bois des rames Sprague-Thomson, dont les dernières ne furent retirées du service qu'après 1980. Édouard Empain jouait un rôle important dans cette compagnie. Cet homme d'affaires belge, élevé au titre de baron en 1907 par Léopold II, avait édifié une part de sa fortune dans la réalisation de tramways urbains (Bruxelles, Lille, Le Caire, Tachkent…) et de chemins de fer[1]. Fulgence Bienvenüe, polytechnicien et ingénieur des Ponts et Chaussées, né en Bretagne, est chargé de la conduite des travaux. Les édicules de surface des stations sont confiés à Hector Guimard. Imposé par le banquier Adrien Benard, président du conseil d'administration de la CMP et grand amateur d'art nouveau, Hector Guimard créera 86 sorties de métro dans le style tout en volutes qu'il utilisera pour

1. Yvon Toussaint, *Les Barons Empain*, Paris, Fayard, 1996.

de nombreux immeubles dans Paris. La fonte de fer, de couleur verte, signale celles de ces bouches qui ont survécu. L'époque est friande d'exploits techniques : c'est le siècle du chemin de fer, des viaducs audacieux, des tunnels et des canaux gigantesques. Le métro passera donc sous la Seine, sans complexe. Des terrains, trop meubles, seront congelés pour que leur percement et l'établissement des galeries puissent être réalisés. Le chantier du métro ne s'arrêtera plus. Le réseau passe de 13 kilomètres en 1900 à 165 en 1945. En 1949, un établissement public à caractère industriel et commercial doté de l'autonomie financière, la RATP (Régie autonome des transports parisiens), remplace la CMP. L'État se substitue alors au privé. En 2008, les 16 lignes totalisent plus de 200 kilomètres, sans prendre en compte le RER ni le tram.

Durant ce siècle Paris, a perdu beaucoup d'habitants, de nombreux emplois y ont été créés, en particulier dans le secteur tertiaire : le déséquilibre entre la capitale et la banlieue multiplie le nombre des déplacements domicile/travail et allonge les parcours. Le réseau a suivi : aucune ligne ne sortait de Paris en 1914. En 1934, la ligne 1 a atteint le château de Vincennes, la ligne 9 le pont de Sèvres et la ligne 12 la mairie d'Issy. Les chantiers ne cesseront de s'ouvrir pour améliorer la desserte de faubourgs de plus en plus lointains. Après la Libération, le métro va s'aventurer à Saint-Denis, La Courneuve, Bobigny, Montreuil, Créteil, La Défense, Villejuif. Le RER (Réseau express régional) viendra compléter ce dispositif.

Le rôle de ce réseau sur les processus de ségrégation urbaine est ambigu. Il permet de programmer de grandes opérations de logements sociaux loin du centre de Paris. En même temps, il favorise la fréquentation des quartiers centraux, par les jeunes en particulier : les Halles, Saint-Michel, les Champs-Élysées sont des exemples de cet accès d'adolescents peu fortunés à des espaces que leurs grands-parents, même nés en région parisienne, ne fréquentaient pas souvent[1].

Les déplacements dans l'agglomération prennent une telle ampleur que le métro devient, comme les gares, un lieu de vie, une ville souterraine avec des relais de presse, des boutiques qui vendent des vête-ments, de la maroquinerie, des fleurs. On peut aussi téléphoner, donner ses photos à développer, faire reproduire des clefs et réparer des chaussures.

Le plan du métro : carte pratique et symbolique de Paris

Chaque Parisien vit en permanence avec un plan du métro dans la poche et un autre, moins complet, dans la tête. Il consulte parfois le premier et règle mécaniquement ses pas et ses itinéraires en fonction du second. Ce plan incorporé est le fruit d'une longue expérience nourrie par les lieux de l'enfance, le domi-cile des membres de la famille, les amours adoles-centes, les copains, les histoires résidentielles des

---

1. Voir sur ce thème Paul-Henri Chombart de Lauwe (dir.), *Paris et l'agglomération parisienne*, Paris, PUF, coll. «Biblio-thèque de sociologie contemporaine», 1952, tome 1 : «L'espace social dans une grande cité», p. 104-108.

uns et des autres. Le travail qui impose un emploi du temps quotidien contribue aussi à créer de véritables automatismes décrits par Marc Augé. « Le voyageur chevronné, surtout s'il est dans la force de l'âge et ne cède pas facilement à l'envie d'un démarrage soudain dans l'escalier pour le plaisir, se reconnaît à la parfaite maîtrise de ses mouvements [...]. Parvenu sur le quai, il sait où arrêter ses pas et déterminer l'emplacement qui, lui permettant d'accéder sans effort à la porte d'un wagon, correspond en outre exactement au point le plus proche de "sa" sortie sur le quai d'arrivée[1]. »

Le plan du métro structure les représentations de l'espace, de sorte que, à l'évocation de telle ou telle destination, l'usager déploie mentalement les stations et les place les unes par rapport aux autres. Dans le meilleur des cas. Car bien souvent la mémoire est lacunaire et l'on a le plus grand mal à combler les vides et à établir le système complet des relations. C'est une surprise étrange pour l'habitué des couloirs du métro et des rues de Paris que de découvrir à l'occasion d'un déplacement exceptionnel une proximité bien plus grande qu'il ne l'imaginait entre deux quartiers qu'il a l'habitude de fréquenter séparément. Il reste que les stations, du moins les plus connues, il y en a 300 pour le seul métro, sont les symboles de quartiers chaque fois spécifiques. Le plan du métro fait percevoir que l'espace urbain est relationnel : les quartiers dialoguent et s'opposent. Le réseau des stations indique au voyageur quelle

---

1. Marc Augé, *Un ethnologue dans le métro*, Paris, Hachette, coll. « Textes du XXe siècle », 1986, p. 13-14.

est sa place dans l'espace des possibles sociaux et résidentiels de Paris.

«Les lignes de métro, écrit Marc Augé, comme celles de la main, se croisent ; non seulement sur le plan où se déploie et s'ordonne l'entrelacs de leurs parcours multicolores, mais dans la vie et la tête de chacun[1].» Le fouillis apparent recouvre un ordonnancement plus régulier qu'il n'y paraît mais que les ajouts successifs de nouvelles lignes et les prolongements ont fini par masquer.

Les lignes 1, 2, 4, et 6 dessinent une structure centralisée. À elles seules, elles mettent déjà en relation les grandes oppositions de l'espace parisien, la rive gauche et la rive droite, l'Est et l'Ouest. Mais ce ne fut pas toujours aussi simple. Après un petit crochet pour desservir la gare Montparnasse, la ligne 4 semble résolue à franchir la Seine. Le trajet devait passer, après Saint-Germain-des-Prés, par l'Institut de France, pour atteindre la rive droite. Un itinéraire qui avait les faveurs de Fulgence Bienvenüe, «mais il fallait alors passer sous le prestigieux bâtiment de l'Institut» et «cette solution fut repoussée avec horreur par toutes les Académies qui mirent en œuvre de puissants moyens pour couler ce projet attentatoire au sommeil des Immortels», écrit Roger-Henri Guerrand[2].

Les lignes 3, 5, et 7 sont encore orientées selon un axe dominant (nord-sud ou est-ouest), mais elles s'offrent de larges digressions. Ainsi la 7

---

1. *Ibid.*, p. 11-12.
2. Roger-Henri Guerrand, *op. cit.*, p. 46.

(La Courneuve/Villejuif) va musarder du côté de l'Opéra. Ces fantaisies, dictées par les contraintes multiples de la topographie ou engendrées par les oppositions sur certains tracés, brouillent le dessin assez net des premières lignes.

Les lignes ultérieures seront moins clairement orientées. Le schéma déjà compliqué à mémoriser s'est encore complexifié avec les lignes du RER qui traversent Paris du nord au sud et d'est en ouest : ces axes essentiels aux transports collectifs en région parisienne ont repris les mêmes orientations que les premières lignes du métro.

La station de métro, symbole social

Les noms de quartiers sont aussi des noms de stations. Celles-ci sont évocatrices d'une ambiance urbaine, d'une place, d'une rue, de leur composition sociologique, des métiers que l'on y exerce, de toute la vie urbaine passée et présente. Pour un Parisien, les stations de métro sont emblématiques des quartiers, elles en constituent un repère identitaire fort. Selon que l'on habite à la station Jasmin ou Varenne ou à la station Barbès-Rochechouart ou Ménilmontant, on signale des quartiers et des positions dans la société contrastés. Les classements sociaux passent aussi par des classements spatiaux.

Depuis sa création, le métro relie ce qui, à la surface, est plus ou moins séparé. Les trajets ne peuvent éviter de mettre en présence des agents sociaux qui ont peu de chances, ailleurs, de passer un moment ensemble. Si la population des passagers se différencie en fonction des quartiers traversés, les transitions permettent des cohabitations temporaires.

L'allure des voyageurs change lorsqu'on va de Saint-François-Xavier à la place Clichy. Les corps trahissent les conditions de vie, les passés que chacun porte en soi. Des corps minces, redressés et parfumés, d'un côté, des voyageurs fatigués, aux corps las et marqués par le travail, de l'autre. Les escarpins cèdent alors la place aux baskets. Les complets-veston et les blousons ne coexistent guère que dans le métro.

Hormis quelques stations soignées pour des raisons touristiques, la plupart sont très ordinaires dans leur agencement et leur décoration : on ne peut en découvrant une station inconnue identifier le type de quartier où l'on se trouve. Ce sont les voyageurs plus que les décors qui créent cette diversité sociale du Paris souterrain. Le temps de transport est un temps entre parenthèses, propice à l'observation et à l'imaginaire, il favorise le regard des uns sur les autres.

La ligne 13 :
voyage aux deux extrêmes de la société

En 2007, on comptait 550 000 voyageurs chaque jour sur cette ligne 13 qui relie la banlieue sud, depuis le terminus de Châtillon-Montrouge, à la banlieue nord, jusqu'à Saint-Denis-Université ou Asnières-Gennevilliers. Un premier segment, Porte-de-Saint-Ouen/

Saint-Lazare, est mis en service en 1911. Le diver-
ticule La-Fourche/Porte-de-Clichy ouvre en 1913 et
infléchit cette partie de la ligne vers le nord-ouest. Il
faut attendre 1952 pour que les limites de Paris soient
franchies vers le nord. La prolongation vers le sud est
réalisée entre 1973 et 1976. À Invalides, la jonction
est opérée avec l'ancienne ligne 14 qui se terminait à
la station Porte-de-Vanves, et qui perd son autonomie-
dans l'affaire et devient un segment de la ligne 13. Au
nord, la basilique de Saint-Denis est atteinte en 1976 et
l'université en 1998. Les tronçons Porte-de-Vanves/
Châtillon-Montrouge et Porte-de-Clichy/Gabriel-
Péri-Asnières-Gennevilliers sont mis en service
en 1976 et 1980. En 2008, deux nouvelles stations
au nord de la station Gabriel-Péri, Les-Agnettes et
Asnières-Gennevilliers-Les-Courtilles, ouvrent leurs
portes aux habitants des communes d'Asnières-sur-
Seine et Gennevilliers.

Cette histoire compliquée est représentative d'une
extension continue et des difficultés rencontrées
par la réalisation de ces lignes sous un tissu urbain
dense dont les réseaux d'adduction d'eau, les égouts,
les canalisations de gaz et d'électricité, les réseaux
du téléphone et maintenant du câble, occupent déjà
le sous-sol. Sans compter les galeries des anciennes
carrières et le fleuve à traverser qui a exigé la réalisation d'un tunnel long de 130 mètres.

L'intérêt sociologique de la ligne 13 réside dans sa
diversité sociale, une caractéristique qui ne lui est pas
propre mais qu'elle incarne à la perfection. Cette diversité apparaît clairement si l'on fait varier les heures
d'observation. La première rame quitte Châtillon-

Montrouge, à 5 h 30. À quai plusieurs minutes à l'avance, des voyageurs y dorment en attendant le départ. Les Africains noirs et les Maghrébins composent l'essentiel de ces voyageurs matinaux. Les immigrés sont nombreux à occuper les emplois peu qualifiés liés aux services de nettoyage. Ils prolongent leurs nuits trop brèves dans ces premières rames du matin. Les voitures se remplissent dans les quelques stations de banlieue avant la Porte-de-Vanves et, à l'entrée dans Paris, elles sont pleines. Ces travailleurs immigrés du petit matin descendent massivement aux stations de métro Montparnasse-Bienvenüe[1], Champs-Élysées-Clemenceau, Miromesnil, qui desservent les quartiers de bureaux où ils vont passer l'aspirateur et vider les corbeilles à papier. Dans le sens inverse, les rames croisées sont presque vides à partir de Montparnasse : la banlieue nord aussi alimente le cœur de Paris en travailleurs matinaux.

Plus avant dans la journée, le contraste sociologique est saisissant entre Miromesnil et Saint-Lazare. Les derniers employés cravatés descendent à Miromesnil et, à partir de Saint-Lazare et surtout de la place Clichy, la foule des voyageurs devient immigrée et composée d'ouvriers et de personnels de service. Entre Duroc, Saint-François-Xavier et Invalides, alors que le métro parcourt sous terre le faubourg Saint-Germain, le quartier des familles de l'aristocratie au XVIIIᵉ siècle, où furent construits de magnifiques

---

1. En 1933, cette station, par laquelle les Bretons entrent dans la capitale, fut baptisée du patronyme de l'ingénieur Fulgence Bienvenüe qui était lui-même originaire de Bretagne.

hôtels particuliers, les mères de famille, jupes plissées écossaises, veste bleu marine, carré Hermès et collier de perles, emmènent leurs enfants, socquettes blanches, souliers vernis et uniformes bleu marine, dans les écoles privées, nombreuses dans ces beaux quartiers.

Les noms des stations évoquent la tonalité sociologique des quartiers. Saint François-Xavier, «le saint élève des jésuites, missionnaire en Extrême-Orient et disciple d'Ignace de Loyola», s'oppose à Guy Môquet, fils d'un député communiste, fusillé alors qu'il n'avait pas vingt ans, après avoir «manifesté contre l'occupant avec d'autres étudiants[1]». Pierre Miquel note que «les personnages de la gauche révolutionnaire ou résistante sont, dans leur grande majorité, les hôtes des lignes de l'est et du nord de la capitale. [...] Pas le moindre révolutionnaire dans le centre, le sud ou l'ouest, sauf à l'extrême limite de la périphérie[2]».

Le métropolitain est donc le théâtre d'un grand brassage social. Un brassage que tout voyageur attentif peut constater en se mettant dans la posture du sociologue concentré sur l'observation de la société que les autres usagers font vivre sous ses yeux.

---

1. Pierre Miquel, *Petite histoire des stations de métro*, Paris, Albin Michel, 1993, p. 244.
2. *Ibid.*, p. 14.

BIBLIOGRAPHIE

AUGÉ Marc, *Un ethnologue dans le métro*, Paris, Hachette, 1986.

BASSE Pierre-Louis, *Ma ligne 13 : récit*, Paris, Serpent à Plumes, 2006.

BERTON Claude et OSSADZOW Alexandre, *Fulgence Bien-venüe et la construction du métropolitain de Paris*, Paris, Presses de l'École nationale des Ponts et Chaussées, 1998.

BINDI Armand et LEFÈVRE Daniel, *Le Métro de Paris. Histoire d'hier et d'aujourd'hui*, Rennes, Éditions Ouest France, 1990.

CHOMBART de LAUWE Paul-Henri de (dir.), *Paris et l'agglomération parisienne*, Paris, PUF, coll. « Bibliothèque de sociologie contemporaine », 1952.

DUPUY Gabriel, « Les stations nodales du métro de Paris : le réseau métropolitain et la revanche de l'histoire », *Annales de géographie*, nº 569, 1993.

GAILLARD Marc, *Du Madeleine-Bastille à Météor. Histoire des transports parisiens*, Amiens, Martelle, 1991.

GREEN Anne-Marie, *Musicien de métro. Approche des musiques vivantes urbaines*, Paris, L'Harmattan, 1998.

GUERRAND Roger-Henri, *L'Aventure du métropolitain*, Paris, La Découverte/Poche, 1999 [1re édition, 1986].

KAUFMANN Nathalie, *Carnet de métro*, Paris, Les Belles Lettres, 1999.

MIQUEL Pierre, *Petite histoire des stations de métro*, Paris, Albin Michel, 1993.

SANSOT Pierre, *Poétique de la ville*, Paris, Payot, coll. « Petite Bibliothèque Payot », 2004 [1re édition, 1973].

SIEGFRIED André, *Géographie humoristique de Paris*, s.n., s.d., 1951.

TRICOIRE Jean, *De Bienvenüe à Météor, un siècle de métro en 14 lignes*, Paris, Éditions La Vie du Rail, 1999

CHAPITRE VI

La gare Saint-Lazare,
un sas entre Paris et sa banlieue

La sortie de la station de **métro Gare-Saint-Lazare** vers la **place du Havre** permet d'emblée de se rendre compte de la monumentalité placide de la façade de cette gare, en contraste avec les foules pressées qui vont et viennent.

La gare crée la banlieue

La disproportion entre Paris et ses faubourgs n'a pu prendre autant d'ampleur que dans la mesure où chaque jour près d'un million d'actifs viennent travailler à Paris en empruntant divers modes de transport, dont le train. En 2005, 1 650 000 personnes exercent un emploi dans la capitale, ce qui représente 31 % de l'emploi régional. Ces emplois ne sont pas réservés aux Parisiens. Ceux-ci sont d'ailleurs 277 000 à aller travailler chaque jour en banlieue, tandis que 821 000

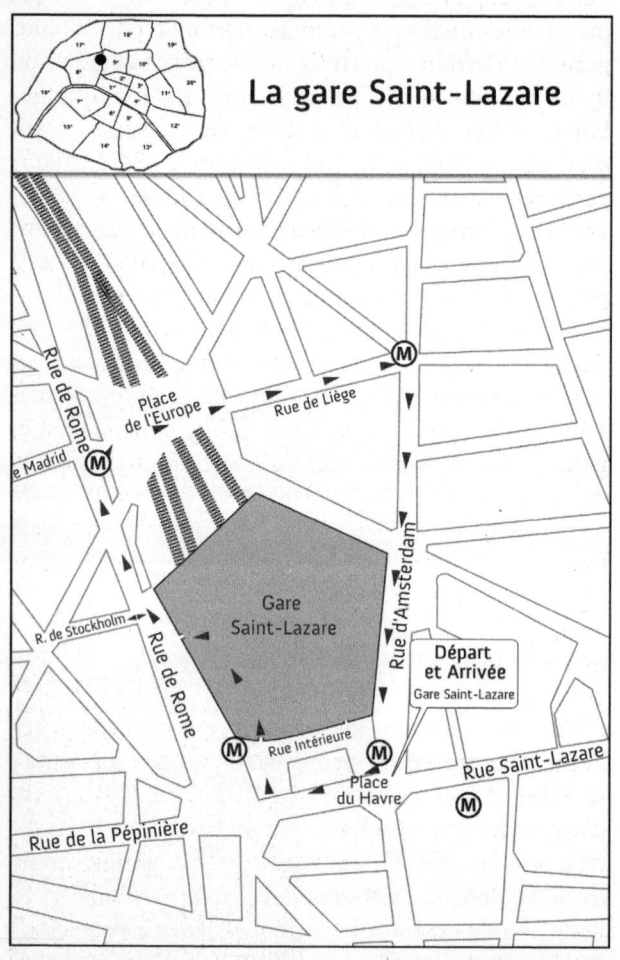

La gare Saint-Lazare

banlieusards viennent quotidiennement travailler à Paris. La capitale se vide chaque soir, se remplit chaque matin et les distances parcourues sont de plus en plus grandes. Certains quartiers du 8e arrondissement, du 9e, du nord du 16e, sont déserts après la fermeture des bureaux. Les différents réseaux de transports réalisent, dans la région Île-de-France, un tel maillage que Paris ne peut être pensé seul à l'intérieur de son boulevard périphérique. La ville est devenue le cœur d'une région dont elle ne représente plus que 19,4 % de la population, soit 1 Parisien pour 4 banlieusards.

Par Saint-Lazare, ce sont près d'un demi million de voyageurs par jour, dont 90 % proviennent de banlieue, qui construisent et déconstruisent Paris au rythme des 1 500 trains qui y aboutissent quotidiennement. Les gares parisiennes ont toutes un point commun : ce sont des culs-de-sac. Paris est toujours le terminus. On ne traverse pas Paris en train, on s'y arrête. On peut trouver à cela de bonnes raisons : le partage des réseaux entre les différentes compagnies privées au moment de la création du chemin de fer. Les difficultés techniques liées à la traversée de la Seine. La complexité d'une mise en relation de toutes les gares. Mais c'est aussi une homologie avec le centralisme jacobin dont Paris fut le bénéficiaire. Les trains

s'arrêtent parce qu'ils ne sauraient oublier de marquer, par cette déférence, le respect dû à la capitale. Même lorsqu'on est en voyage et que la destination n'est pas Paris, on ne peut se contenter de traverser la capitale, comme on le ferait en passant par n'importe quelle gare de province. À plus forte raison lorsqu'on va au travail : le réseau ramène vers le point central, là où sont condensés un grand nombre d'emplois. Mais la mise en service des RER vient nuancer cette représentation de Paris comme terminus puisqu'ils permettent d'aller d'Argenteuil à Dourdan ou de Roissy à Saint-Rémy-lès-Chevreuse en traversant la capitale sans avoir à changer de train.

La gare Saint-Lazare accélère et démultiplie la croissance de la banlieue dont la population se déverse chaque matin dans la capitale pour en repartir en fin d'après-midi. Aboutissement ferroviaire, la gare Saint-Lazare assure les connexions avec le métro. À l'intérieur même de Paris, elle constitue un pôle de redistribution des foules de banlieue en assurant la correspondance avec les lignes 3, 12 et 13 du métro. La nouvelle ligne 14, automatisée, y a son point de départ. Cette station communique avec la nouvelle station Haussmann-Saint-Lazare, point de départ de la récente ligne E (Éole) du RER. De la gare Saint-Lazare, on a également accès aux stations Auber (ligne A du RER), Opéra (lignes 3, 7 et 8 du métro) et Havre-Caumartin (lignes 3 et 9). 17 lignes d'autobus complètent le système. Le nomadisme et le temps sont symbolisés, depuis 1985, par deux sculptures d'Arman : un entassement de valises intitulé, *Consigne à vie*, **cour de Rome**, et un amoncellement de montres, *L'heure* *pour tous*, **cour du Havre**. Cette sculpture et toutes les horloges à l'intérieur de la gare contribuent à la mise en scène du temps, dont l'agitation fébrile des heures de pointe souligne qu'il est compté.

La gare doit faire face à de multiples difficultés pour gérer ces flux et mettre un peu d'ordre dans les déferlements quotidiens de foules qui se hâtent vers les lieux de travail. Mais le chemin de fer ne fut pas dès ses débuts emprunté par de telles masses besogneuses ; en ses premières années, il fut réservé à l'élite sociale.

Le chemin de fer, par et pour la bourgeoisie

Le chemin de fer apparaît au début du XIXᵉ siècle : la première concession est accordée en 1823. Des investisseurs privés, regroupés sous forme de sociétés par actions, créent les premières lignes. La Compagnie de l'Ouest passera sous un statut public dès 1907, la plupart des autres sociétés n'étant nationalisées qu'en 1937, avec la création de la SNCF (Société nationale des chemins de fer). « On rencontre 72 banques mêlées à la création des Compagnies, mais les affaires les plus intéressantes sont accaparées par les grandes maisons de Paris : Rothschild, Laffitte, Hottinguer [...]. Sur la vingtaine de compagnies agréées sous la monarchie de Juillet, les Rothschild figurent directement dans les conseils d'administration de huit d'entre elles, Laffitte dans quatre, Hottinguer dans deux[1]. »

---

1. Yves Leclercq, *Le Réseau impossible, 1820-1852*, Genève, Droz, 1987, p. 32.

Au départ, les voyageurs sont du même monde que les investisseurs. Le moyen de transport révolutionnaire que constitue le train, comme le sera plus tard l'avion, est l'affaire de la bourgeoisie. Elle l'utilisera d'abord pour ses déplacements privés et les échanges économiques. Puis la croissance urbaine induite par la révolution industrielle en fera un moyen de transport rapide qui permettra de dissocier l'habitat et le lieu de travail.

La gare Saint-Lazare sera inaugurée sous la forme que nous lui connaissons aujourd'hui pour recevoir les visiteurs de l'Exposition universelle de 1889. Mais elle existait depuis 1837 comme tête de ligne de la première liaison régulière ouverte aux voyageurs, Paris-Saint-Germain. Cette ligne est contrôlée par les frères Pereire, l'une des fortunes les plus spectaculaires issues de la révolution industrielle. « Initialement, les administrateurs et les ingénieurs de la Compagnie Paris-Saint-Germain souhaitaient établir leur gare juste derrière la Madeleine, à la croisée de la rue Tronchet et de la rue Neuve-des-Mathurins [aujourd'hui partie de la rue des Mathurins][1]. » Mais les familles bourgeoises des beaux quartiers s'étaient opposées à ce que le bruit et la fumée viennent troubler leur quiétude résidentielle. Alors même qu'il s'agissait du point de départ d'une ligne à destination de lieux de villégiature, Le Pecq et Saint-Germain-en-Laye, qu'elles appréciaient beaucoup à l'époque.

---

1. Karen Bowie, « La gare Saint-Lazare », dans Karen Bowie (dir.), *Les Grandes Gares parisiennes du XIXe siècle*, Paris, Action artistique de la Ville de Paris, 1987, p. 54.

Finalement, ce sera un peu plus au nord, place de l'Europe, que sera construit le premier «embarcadère», cette métaphore portuaire indiquant que chaque compagnie privée disposait de son quai et de son terminus. Ce quartier était alors déjà en chantier en raison d'une vaste opération immobilière. La ligne Paris-Saint-Germain est inaugurée le 26 août 1837 par la reine Amélie et la princesse Marie d'Orléans. Le trajet prend alors 26 minutes. Puis la capitale sera bien vite reliée à Rouen, Le Havre et Cherbourg. La création de ces différentes lignes relève de compagnies diverses : Paris-Saint-Germain, Paris-Versailles-Rive-Droite, Paris-Rouen-Le-Havre, Paris-Auteuil. Ces sociétés ayant la gare Saint-Lazare pour tête de ligne sont réunies au sein de la Compagnie de l'Ouest. Des extensions successives des voies, dues à l'allongement des trains, aboutissent à la configuration actuelle de la gare Saint-Lazare.

Mais le train est, au départ, un moyen de transport peu démocratique : ce sont surtout les gens fortunés qui l'utilisent.

La gare, temple de la bourgeoisie et de l'industrie triomphantes

Le traitement soigné des façades de gares en faisait de véritables hymnes de pierres, des célébrations majestueuses et hiératiques de la révolution industrielle. Ce triomphalisme architectural était en homologie avec la clientèle fortunée qui voyageait par le train : « Avec le luxe et le confort croissant, le décor des gares ne clame pas seulement les triomphes de l'empire ferroviaire, la conquête des marchés et des profits : il reflète aussi un art de vivre inédit[1]. » La bourgeoisie utilise aujourd'hui l'avion et les aéroports, qui sont aussi clinquants et emblématiques de la modernité que ne l'étaient les gares au XIXe siècle.

Le contraste est fort entre les statues allégoriques, la richesse des décorations, la magnificence des grandes halles de verre et d'acier et les foules hâtives, encombrées ou déferlantes qui vont et viennent en un ballet incessant d'où le plaisir semble absent. Il ne s'agit plus, comme au temps de Manet, d'aller rejoindre quelque maison de campagne ou quelque villa des bords de mer, mais d'aller travailler ou de regagner son lointain logis après une journée de labeur.

Le Terminus, un hôtel de gare pour voyageurs chic

L'architecte Juste Lisch (1828-1910) n'a disposé que de très peu de temps pour construire la gare définitive sous le contrôle de la Compagnie des Chemins de Fer de l'Ouest. Il a dû faire face à des contraintes liées, d'une part, à la dualité des services « banlieue » et « grandes lignes » et, d'autre part, à la Compagnie des chemins de fer qui entendait contrôler de bout en bout

1. Philippe Perrot, *Le Luxe, une richesse entre faste et confort*, Paris, Seuil, 1995, p. 22.

la conception et la réalisation de cette infrastructure. En outre, l'architecte a dû renoncer au vaste espace qu'il avait prévu pour mettre en valeur la monumentalité du bâtiment. «Le projet initial de Juste Lisch prévoyait une grande cour en avant de la façade principale de la gare. Malheureusement le terrain exproprié représentait une grosse valeur et la compagnie n'ayant pu obtenir de la ville la participation financière qu'elle désirait, elle demanda à son architecte de construire un grand hôtel sur une partie du terrain[1].»

L'hôtel Terminus, avec ses 500 chambres et ses salons, occupe une surface au sol de 3 290 mètres carrés et ses dimensions interdisent qu'on puisse avoir une vue d'ensemble sur la gare. Il est inauguré pour accueillir les visiteurs de l'Exposition universelle de 1889. Il était relié directement à la salle des Pas Perdus par **une passerelle** de 18 mètres de long, qui permettait aux voyageurs arrivant de Normandie, d'Angleterre ou d'Amérique (via Le Havre) d'accéder directement à la réception, comme le vantait la plaquette diffusée lors de l'inauguration, le 7 mai 1889: «À la gare Saint-Lazare, y est-il écrit, je saute du wagon, j'entre de plain-pied au Grand Hôtel Terminus en donnant mon billet de voyage au portier et je suis déjà au lit, alors que les autres voyageurs, moins avisés, se morfondent sur un trottoir et se querellent avec les cochers et les portefaix… Puis au départ, on m'apporte mon billet dans ma chambre, mes bagages sont enregistrés sans que j'aie quitté le salon. On vient m'avertir et j'arrive tout droit par

---

1. Karen Bowie, *op. cit.*, p. 165.

la passerelle en pantoufles dans mon compartiment, sans attendre, sans prendre froid, sans m'agacer, par conséquent sans fatigue. J'ai donc épargné mon temps, mon argent et ma peine. »

La présence de ces hôtels de luxe à proximité immédiate des gares répond aux besoins de la clientèle fortunée qui, alors, empruntait le train comme mode de transport à longue distance. Le Terminus paraît aujourd'hui quelque peu en décalage avec les foules pressées qui, le matin et le soir, viennent en battre les murs dans un flot impétueux, la plupart ignorant jusqu'à la présence de ce palace.

Situé au **108, rue Saint-Lazare**, cet hôtel, aujourd'hui dénommé **Concorde-Saint-Lazare**, fait partie de la chaîne des hôtels Concorde, contrôlée par le fonds d'investissement Starwood Capital Group. La

direction ajoute parfois la mention « Paris-Opéra » à l'appellation de cet établissement pour le démarquer encore plus de la connotation banlieusarde peu flatteuse liée au nom de la gare. Les murs sont la propriété de Réseau ferré de France, établissement public de l'état créé en 1997.

Luxe, calme et volupté dans le hall de l'hôtel, silence et repos à quelques mètres de l'agitation de la salle des Pas Perdus. La foule harassée et pressée est soudain très loin. Les fauteuils confortablement rembourrés, gainés de velours grenat ou vert, profonds et accueillants, semblent minuscules dans le volume de ce grand hall, d'une hauteur de deux étages, dont le plafond couvert de miroirs en damier démultiplie les dimensions.

Les piliers métalliques incrustés de verres colorés imitant des pierres précieuses, les colonnes de granit rose d'Écosse, les arcades, les dorures, les angelots en trompe-l'œil célèbrent l'industrie et la banque, la fée électricité, le magicien téléphone et le nouveau dieu ferroviaire. Ce hall, inspiré des travaux de Gustave Eiffel, est classé à l'inventaire supplémentaire des monuments historiques.

Les aristocrates anglais ne forment plus le gros de la clientèle. Les tours-opérateurs renouvellent, chaque jour, les groupes de touristes qui viennent de tous les coins du monde. Les quelques clients individuels sont des hommes d'affaires, attirés par la centralité du lieu et les liaisons faciles avec La Défense. La direction de l'hôtel a d'ailleurs signé des contrats avec IBM et Total et offre des billets de train en 1re classe pour rejoindre le centre d'affaires en sept minutes.

En sortant de l'hôtel Concorde-Saint-Lazare, on aperçoit en face, au no 119 de la rue Saint-Lazare, un autre monument historique classé : une ancienne brasserie alsacienne, reprise par McDonald's. Face-à-face révélateur de la diversité sociale du quartier aujourd'hui.

Dans la gare Saint-Lazare :
le brassage social

En contournant le Concorde-Saint-Lazare par la gauche, la passerelle de fer et de verre, qui permettait d'aller directement à la salle des Pas Perdus, apparaît, franchissant hardiment la **rue Intérieure** qui, entre l'hôtel et la gare, relie la **cour du Havre** à la **cour de Rome**. Elle n'est pas sans rappeler le Pont des Soupirs à Venise. On accède à la salle des pas perdus au premier étage de la gare par un large escalier[1].

La **salle des Pas Perdus**, où les vieux Parisiens se donnent traditionnellement rendez-vous devant le

---

1. Jusqu'en 2011, des travaux importants sont entrepris pour rénover la gare et ses accès. Certains espaces risquent donc d'être inaccessibles provisoirement.

monument aux morts, est un espace clairement déli-
mité, avec ses 200 mètres de long et ses 18 mètres de
large, où les voyageurs se hâtent vers leurs projets,
absorbés par le parcours à réaliser et sans prêter attention à la foule qui dessine une toile de fond où rien
n'accroche le regard du banlieusard déjà ailleurs.

Ce vaste forum est décoré avec soin, mais ce souci
passe souvent inaperçu du plus grand nombre des
usagers préoccupés d'arriver à l'heure. Certains éléments
de décoration des arcades ont été réalisés entre 1927
et 1931, selon la nouvelle esthétique de l'Exposition des
arts décoratifs de 1925, avec des peintures sur verre, aux
tons pastel, paysages des villes desservies de Pontoise
à Fougères. La passerelle du Grand Hôtel Terminus,
désaffectée, aboutissait à l'une de ces arcades. La SNCF
envisagerait de la réhabiliter en y installant un café, à la

place du débarras actuel. Bonne idée sans doute pour redonner vie à cet espace aérien insolite.

La salle des Pas Perdus porte à son paroxysme le brassage social de la grande ville : beaux quartiers et quartiers d'immigration, lieux centraux et banlieues lointaines viennent s'y déverser. Toutes les tenues sont possibles, la diversité des silhouettes est infinie, tant varient les vêtements, les accessoires, les cheveux, les visages, les couleurs de peau, les rythmes de la marche. Sérénité et angoisse, calme ou fébrilité. Les gens se suivent, ne se ressemblent pas, viennent de partout et y retournent. Trajectoires parallèles dont le croisement est illusoire, car personne ne se rencontre. Mais tous restent dignes, étant sous le regard des autres. Ils se doivent, citadins aguerris, d'avoir l'air d'être sûrs de leur chemin et de leur destin.

On retrouve cette ambiance sur le **quai Transversal** qui donne accès aux voies. À nouveau, dans un espace tout à la fois extérieur et intérieur, clos et ouvert, une grande verrière filtre la lumière du ciel. Vingt-sept quais s'étirent ainsi vers le pont de l'Europe, qui surplombe les voies quittant la gare vers le nord-ouest. Des foules compactes sont prêtes à tout pour arriver à monter dans les rames aux heures de pointe, ou les jours de grève.

Les hauteurs des quais diffèrent : ceux réservés aux lignes en direction de Marly et de Versailles sont plus hauts que ceux dont les trains conduisent à Poissy. Autrefois les compagnies privées de chemin de fer aménageaient leurs têtes de réseaux comme bon leur semblait et la standardisation des aménagements en souffrait.

On peut parler avec Isaac Joseph de «la nature énigmatique de l'identité architecturale» des gares. «D'un côté, la grandeur de la cathédrale, de l'autre, la banalité de la halle de l'entrepôt et du hangar. D'un côté, l'exaltation de la forme, de l'autre, sa neutralisation au profit du passage ou de l'étalage, la foire aux rencontres et la braderie des services connexes du voyage. L'histoire des gares au XIXe siècle permet d'analyser cette tension entre deux régimes de visibilité[1].» En passant de la rue Intérieure au quai Transversal, sans autre préoccupation que celle de regarder et de tenter de comprendre, on se rend bien compte de la fonction de sas que remplit la gare. Elle permet, à travers la monumentalité, de franchir la porte de la ville et de se retrouver dans le mouvement et les potentialités imaginaires liées au transport.

Les flux les plus impétueux qui se dessinent dans la masse des voyageurs, comme des ruisseaux se forment sur le sol après un orage, se dirigent vers les trains sur le départ, ou vers les entrées du métro. Ces courants se croisent, interfèrent, s'accélèrent, se tarissent. Les différences de population sont visibles en fonction des directions. Les voyageurs pour Versailles, Bougival ou Viroflay, banlieues résidentielles, portent volontiers la cravate, les paires de baskets sont fréquentes en direction d'Argenteuil ou des Mureaux.

---

1. Isaac Joseph, «Ariane et l'opportunisme méthodique», *Les Annales de la recherche urbaine*, n° 71, «Gares en mouvement», juin 1996, p. 6.

Le quartier de l'Europe
et les impressionnistes

La gare Saint-Lazare fait partie d'une vaste opération immobilière engagée dès 1826 et baptisée «Nouveau quartier de l'Europe» par ses promoteurs. Les peintres impressionnistes, sensibles à la modernité, ont aimé prendre cette gare et son quartier pour thèmes.

Au bout du quai Transversal, à gauche lorsque l'on est face aux voies, la **sortie rue de Rome** permet de se retrouver dans cette rue qu'il faut prendre à droite dans le sens de la montée. La rue de Rome, percée en 1859, bordée sur la partie des numéros impairs d'immeubles haussmanniens, a vu nombre de ses appartements transformés en bureaux. Suite à la grave crise immobilière qui a frappé Paris au début des années 1990, quelques tentatives pour retransformer des bureaux en logements ont eu lieu. Ainsi, aux n°s 29-31, un magnifique immeuble, avec de belles colonnades, abrite quelques dizaines de logements sociaux. Ce qui, compte tenu du prix du mètre carré dans le quartier, entre 7 000 et 8 000 euros, est un beau coup de force symbolique de la part de l'Office d'HLM de Paris.

À gauche, au bout de la **rue de Stockholm**, on aperçoit la flèche de l'église Saint-Augustin dont l'architecture de fer est signée Gustave Eiffel. La **rue de Madrid**, à gauche, est entièrement vouée à la musique, avec l'ancien Conservatoire national au n° 14 et les boutiques vendant des instruments de musique ou des partitions. À droite, elle atteint la **place de l'Europe**, un carrefour de six rues construit au-dessus des voies quittant Saint-Lazare et que l'on appelle souvent le Pont de l'Europe.

Ce pont est un carrefour urbain important et un lieu d'observation des voies ferrées et de la vie du rail. Achevé en 1868, il a attiré les impressionnistes depuis leurs ateliers proches. Passionnés par le chemin de fer, alors symbole de la modernité, ils trouvèrent là un endroit propice à la peinture de chevalet sur le motif. Manet avait un atelier au 2 de la rue de Saint-Pétersbourg, tandis que son écrivain préféré depuis 1872, admirateur et ami, Stéphane Mallarmé, résidait au 89, rue de Rome. Zola était à deux pas, dans le quartier des Batignolles.

Au XIXᵉ siècle, l'habitat des artistes et des écrivains se mêle intimement à celui des bourgeois dans les beaux quartiers. Ce n'est que lorsque les candidats au statut d'artiste peintre deviendront trop nombreux, et d'origines plus modestes, que ce statut va se dévaloriser et que les artistes les moins reconnus ou les moins fortunés devront se contenter de la bohème des quartiers populaires.

Le Chemin de fer, peint par Manet en 1873, a été exposé au Salon de 1874, dit Salon des refusés. Le tableau fut vivement critiqué tant pour le sujet que pour la façon de le représenter. Les caricaturistes virent dans les barreaux des grilles ceux d'un asile dans lequel on aurait enfermé Manet en raison de sa folie. Si *Le Chemin de fer* avait pu être montré au Salon de 1874, ce même

Salon refusa *Bal masqué à l'Opéra*, puis, en 1876, de nouvelles toiles. Ce qui décida Manet à les présenter lui-même dans son atelier de la rue de Saint-Pétersbourg.

Du fait de la déclivité du terrain, la gare Saint-Lazare peut être vue de différents points de vue, tantôt en surplomb, tantôt de plain-pied, tantôt en contrebas. Le Pont de l'Europe, huit mètres au-dessus des voies, permet de prendre conscience de la rupture dans le tissu urbain que représente l'implantation d'une gare en centre-ville. Les voies occupent un vaste espace aménagé en tranchée infranchissable.

Le Pont de l'Europe est peint par Caillebotte. «Le peintre est installé rue de Vienne pour avoir l'angle de vue le plus large possible, un couple de bourgeois et un ouvrier regardent le train, Caillebotte met en avant la géométrie industrielle de cette gigantesque construction métallique[1].» *Rue de Paris, temps de pluie* : en 1876, Caillebotte est placé pour réaliser cette toile au carrefour de la rue de Moscou et de la rue de Turin. Le point de vue de Claude Monet est tout autre : «Monet se met dans la fosse aux lions, emporté par le mouvement ferroviaire. Le pont de l'Europe enfumé par la vapeur des machines surplombe le peintre[2].» La révolution industrielle, avec sa nouvelle esthétique, avec les architectures de fer et de verre si caractéristiques de cette deuxième moitié du XIXe siècle, fascine les impressionnistes. Une toile de Claude Monet, *Gare Saint-Lazare : les signaux*, est de ce point de vue exemplaire. Elle met

---

1. *Manet Monet. La gare Saint-Lazare*, film de Danielle Jaeggi, Réunion des Musées nationaux, Arte vidéo, 1998.

2. *Ibid.*

en contraste la pureté des objets techniques et le ciel mouvant et brouillon. De 1876 à 1878, Claude Monet a consacré pas moins de huit tableaux à la gare Saint-Lazare. À la fin du XIXᵉ siècle, le champ artistique, avec l'impressionnisme, commence à conquérir son autonomie en opérant une véritable révolution dans le choix des sujets et la manière de les peindre. Celle-ci ne doit plus viser à l'objectivité mais tenter de restituer les impressions du peintre et son propre point de vue sur un monde en pleine ébullition. Mais la gare Saint-Lazare fut encore la source d'inspiration quelques décennies plus tard de peintres abstraits comme Veira Da Silva, qui la prit pour sujet en 1949. Les gares parisiennes ont été retenues dans le cadre des animations de la Nuit blanche de 2008. Seule Montparnasse a été ignorée : construite dans les années 1970, en remplacement de l'ancienne gare démolie, elle relève d'une fonctionnalité froide, loin du lyrisme mécanique et économique de ses consœurs. Des artistes britanniques, qui s'intéressent au chaos urbain et aux paysages en mouvement, ont fait entrer le soleil à minuit sous les verrières de Saint-Lazare. Hommage lointain aux peintres qui célébrèrent la révolution industrielle dans son incarnation la plus urbaine.

Du côté des numéros pairs de la **rue de Liège**, dans le prolongement de la rue de Madrid, le Second Empire est encore triomphant avec quelques immeubles haussmanniens. Au nᵒ 56, un hôtel particulier possède un bel escalier à double révolution. Le nᵒ 52 abrite le cours Hattemer, une école prestigieuse de la bourgeoisie dont l'emplacement à cette adresse atteste que le quartier de l'Europe fut, et demeure en partie, un beau quartier. Fondé sur la méthode du préceptorat, de la maternelle à la terminale, ce cours offre une scolarité beaucoup plus souple, adaptée aux spécificités de chaque élève.

Le *Bottin Mondain* de 1936 recensait 49 familles **rue d'Amsterdam**, à droite depuis la rue de Liège. Deux hôtels particuliers étaient mentionnés aux n°s 83 et 85. Trente-trois des familles du *Bottin Mondain* avaient une résidence rue de Liège et 98, rue de Lisbonne, avec de grands noms de l'aristocratie comme les La Rochefoucauld, Pourtalès, Coral ou les barons Empain. La **rue Saint-Lazare**, sur laquelle débouche la rue d'Amsterdam, aujourd'hui si populaire et bruyante, hébergeait 30 familles de cet annuaire de la haute société.

La rue d'Amsterdam permet de rejoindre la **station de métro Saint-Lazare**, mais on peut aussi y accéder par la **rue de Budapest**, où règnent la prostitution et la misère sociale, accompagnements aujourd'hui quasi obligés des grandes gares.

BIBLIOGRAPHIE

Les Annales de la recherche urbaine, n° 71, « Gares en mouvements », juin 1996.

Bowie Karen (dir.), *Les Grandes Gares parisiennes du XIXe siècle*, Paris, Action artistique de la Ville de Paris, 1987.

Joseph Isaac (dir.), *Villes en gares*, La Tour-d'Aigues, Éditions de l'Aube, 1999.

LAMMING Clive, *Paris ferroviaire. Gares, lignes oubliées, trains célèbres, curiosités, dépôts, matériels*, Paris, Parigramme, 1999.

LECLERCQ Yves, *Le Réseau impossible, 1820-1852*, Genève, Droz, 1987.

PERROT Philippe, *Le Luxe, une richesse entre faste et confort*, Paris, Seuil, 1995.

RAGON Michel, *L'Architecture des gares. Croissance, apogée et déclin des gares de chemin de fer*, Paris, Denoël, 1984.

Le Temps des gares, catalogue de l'exposition, Paris, CCI, Centre national d'art et de culture Georges-Pompidou, 1971.

ZOLA Émile, *La Bête humaine*, [1890], Paris, Gallimard, coll. «Folio classique», 2001.

FILMOGRAPHIE

Manet Monet. La gare Saint-Lazare, film de Danielle JAEGGI, Réunion des Musées nationaux, Arte Vidéo, 1998.

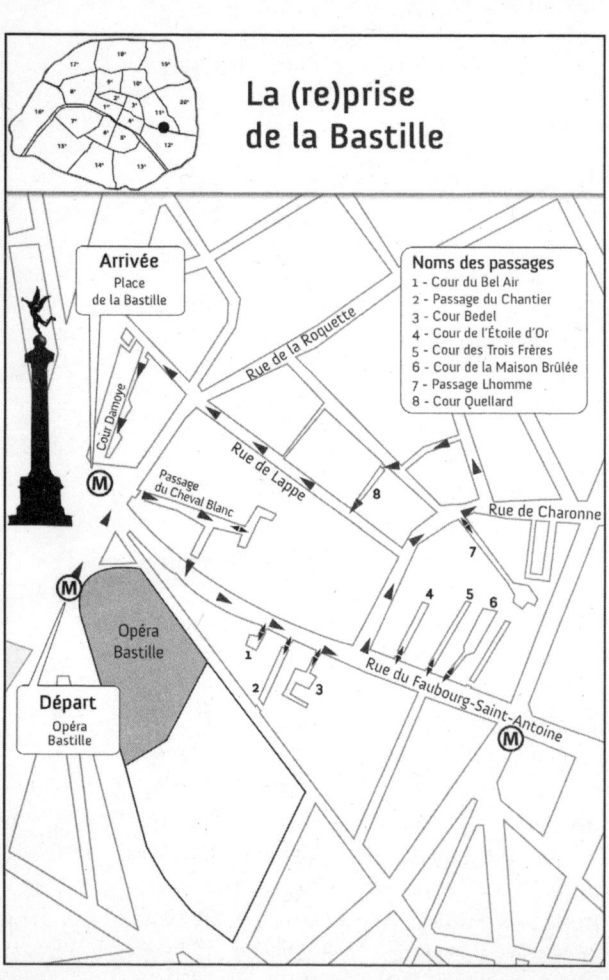

La (re)prise de la Bastille

Arrivée
Place de la Bastille

Noms des passages
1 - Cour du Bel Air
2 - Passage du Chantier
3 - Cour Bedel
4 - Cour de l'Étoile d'Or
5 - Cour des Trois Frères
6 - Cour de la Maison Brûlée
7 - Passage Lhomme
8 - Cour Quellard

Rue de la Roquette

Cour Damoye

Rue de Lappe

Passage du Cheval Blanc

Rue de Charonne

Opéra Bastille

Départ
Opéra Bastille

Rue du Faubourg-Saint-Antoine

CHAPITRE VII

La (re)prise de la Bastille : l'embourgeoisement du faubourg Saint-Antoine

Chargé d'histoire et de mémoire, au cœur du Paris révolutionnaire, celui de 1789, de 1830, de 1848 et de la Commune, le quartier de la Bastille, autrefois désigné sous le nom de faubourg Saint-Antoine, est mythique. Le mythe risque d'être mis à mal : les artisans ébénistes, les ouvriers de la petite métallurgie et des ateliers de mécanique quittent peu à peu le quartier et sont remplacés par des artistes, des designers ou des conseillers en communication. Les quelques commerces de meubles et les rares revendeurs de petites machines-outils témoignent de ce qui n'est plus. Selon la valeur accordée au passé ouvrier ou au présent d'un quartier à la mode, on parlera de faubourg Saint-Antoine ou de Bastille. Une lutte symbolique implicite se manifeste à travers les hésitations de cette dénomination, mais l'opéra, lui, a tranché, et il n'existe pas d'Opéra du faubourg Saint-Antoine.

L'Opéra Bastille

La **station de métro Bastille** permet d'emblée d'être au cœur des transformations du quartier. La greffe de l'opéra a conforté le processus d'embourgeoisement et le faubourg Saint-Antoine s'est trouvé débaptisé dans l'usage courant des Parisiens. La construction de l'**Opéra Bastille** s'inscrit dans le cadre des grands travaux lancés par François Mitterrand. Il l'inaugura lors des fêtes du bicentenaire de la Révolution en juillet 1989. Construit par l'architecte Carlos Ott, Canadien d'origine uruguayenne, l'Opéra s'est vu assigner le double objectif de permettre une réorganisation de la place de la Bastille et une redéfinition de l'Est parisien. Avec un label culturel de prestige, il s'agissait de redonner des lettres de noblesse à un quartier marqué du sceau populaire, synonyme de la contestation politique et d'un cadre bâti dégradé. Le symbole de la culture légitime et savante qu'est l'opéra a contribué à l'«embourgeoisement» du quartier, favorisé aussi par la proximité du Marais. Mais cette *gentrification*[1] ne fait pas l'unanimité. L'inauguration de l'Opéra Bastille fut marquée du sceau symbolique de la ségrégation. La place a été fermée et seuls des invités triés sur le volet furent admis à pénétrer dans ce que les habitants du faubourg ont alors appelé la «Bastille Opéra». L'immense bâtiment moderne a pourtant tenté de s'intégrer à son environnement, en respectant un parcellaire contraignant.

---

1. Le terme *gentrification* est plus juste pour désigner la transformation des quartiers populaires de l'Est parisien que celui d'embourgeoisement. «Gentrification» présente l'avantage de désigner, dans la littérature sociologique anglo-saxonne, «un phénomène à la fois physique, social et culturel en œuvre dans les quartiers populaires, dans lequel une réhabilitation physique des immeubles dégradés accompagne le remplacement des ouvriers par des couches moyennes». [Jean-Pierre Lévy, article «Gentrification», *Dictionnaire de l'habitat et du logement*, Paris, Armand Colin, 2002.]

La *gentrification* du passage du Cheval-Blanc

Le **passage du Cheval-Blanc** s'ouvre au n° 2 de
la **rue de la Roquette**. Le contraste est saisissant
avec l'opéra. Ouvert de huit heures à vingt heures,
cet ancien espace artisanal est subdivisé en plusieurs
cours. Véritables témoins de l'urbanisme d'origine du
quartier, on les visitera en semaine : beaucoup étant
fermées le dimanche et les jours fériés.

À gauche, la **cour de Janvier**, avec la présence
d'un artisan doreur, rappelle que l'emblème du
quartier est le meuble. Le bois sert de matériau de
construction pour les ateliers, parfois à colombage, et
fournit des éléments de décoration avec des dentelles
de bois aussi ouvragées qu'au fond des Carpates
roumaines. Comme dans la **cour de Février**, mais

avec pour occupants, aujourd'hui, des artistes et des architectes.

Les passages et les cours sont de statut privé mais s'accommodent, de fait, d'une pratique publique. Certains habitants des alentours se sont constitué des parcours à l'abri des bruits de la rue. Les panneaux qui indiquent les ateliers d'architectes, de designers, les

cabinets de consultants, les agences de voyages sophistiqués rappellent que le meuble a perdu son monopole. Chacune de ces cours manifeste la cohabitation entre quelques anciens et beaucoup de nouveaux. Le panneau qui donne la liste des activités des occupants de la **cour de Mai** illustre bien les transformations du quartier.

Ce faubourg artisanal et rebelle a une longue histoire. Au XVIIIe siècle, les artisans ont pu s'installer en nombre, dans ce qui n'était encore qu'un faubourg de Paris, situé au-delà des murs, grâce aux lettres patentes de 1657 qui, sous le règne de Louis XIV, accordèrent ou renouvelèrent le privilège leur permettant d'échapper aux règlements qui organisaient ailleurs la formation des artisans. Tout ouvrier ou artisan qui dépendait du fief de la puissante abbaye Saint-Antoine devint « libre d'exercer ses activités. Il a le droit de travailler, de créer et de vendre sans suivre la pénible formation exigée dans le reste du royaume, sans présenter le chef-d'œuvre pour sa maîtrise, sans avoir à s'inscrire au Châtelet sur le registre des métiers, sans verser de droit aux jurandes et surtout sans subir leurs inspections[1] ». Les ouvriers et les artisans du faubourg Saint-Antoine échappent donc aux contrôles des jurés et aux taxes, privilèges qui furent accordés « en faveur des ouvriers déplacés et ruinés par la guerre étrangère qui se sont réfugiés dans le faubourg ». En effet « 1657 est l'une des plus dures années de l'après-Fronde, et le menu peuple en souffre terriblement. Il est certain que des considérations humanitaires motivent en partie le gouvernement[2] ».

Cette dispense à l'égard des règlements des corporations s'appliquait aux étrangers, et donc à tous les artisans du bois venus d'Europe centrale et d'Europe du Nord, qui trouvèrent ainsi une localisation optimale pour leurs activités. Le meuble fut l'emblème du faubourg Saint-Antoine dès l'Ancien Régime. Le nombre de cours et de passages qui ont pu subsister témoigne de l'intense activité qui a régné en ces lieux. « L'espace à l'air libre est nécessaire à l'exercice de ces métiers où le bois doit être à portée d'atelier, où l'on doit surveiller son degré de séchage et entreposer

---

1. Béatrice de Andia, dans *Le Faubourg Saint-Antoine. Architecture et métiers d'art*, Paris, Action artistique de la Ville de Paris, 1998, textes réunis par Jean-Baptiste Minnaert, p. 14. Les jurandes étaient composées des artisans (les jurés) ayant prêté les serments requis pour la maîtrise.

2. Steven Kaplan, « Les corporations, les "faux ouvriers" et le faubourg Saint-Antoine au XVIIIᵉ siècle », *Annales ESC*, mars-avril 1988, n° 2, p. 356.

les débris, où l'on prend l'air après les opérations de chauffage et de collage[1]. » Le bois acheminé par la Seine trouvait là un lieu de stockage qui rend compte de la structure si particulière des îlots du quartier.

Une rue du Faubourg-Saint-Antoine banalisée, des cours préservées

La sortie du passage du Cheval-Blanc ouvre sur la **rue du Faubourg-Saint-Antoine**, du côté des numéros impairs, c'est-à-dire dans le 11e arrondissement. Cela permet d'avoir une vue dégagée sur les numéros pairs qui appartiennent au 12e arrondissement. Les habitants vivent la rue du Faubourg-Saint-Antoine comme une véritable ligne de fracture. Du côté du 11e, on a l'esprit Bastille. Du côté 12e, très vite, c'est Aligre, avec son

marché, et sa «commune» qui organise des fêtes populaires. Mais le nouveau faubourg Saint-Antoine n'a pas su résister aux assauts boulevardiers du vête-ment et des grandes marques que l'on retrouve sur toutes les artères commerçantes de la capitale ou dans les centres des agglomérations de province.

Aux nᵒˢ 46-48, le **Barrio Latino** occupe les locaux d'un

---

1. Jean-Baptiste Minnaert, *Le Faubourg Saint-Antoine. Architecture et métiers d'art, op. cit.*, p. 157.

ancien grand magasin de meubles. Cet établissement comporte une série de bars sur plusieurs niveaux et un grand restaurant. Il propose un décor exotique, inspiré des films hollywoodiens consacrés au mythe de Zorro. Sur cinq étages, l'immeuble, construit en 1907 sur un modèle proche de celui du Bon Marché, présente une structure en fonte et en fer, avec un espace central vide autour duquel tournent les galeries de chaque étage. Fauteuils profonds, miroirs aux encadrements baroques, éléments de décor ou de mobilier faisant appel au fer forgé : l'exotisme est de règle. L'Amérique latine s'affirme sur les tee-shirts du personnel, ornés d'un portrait du Che qui fournit également le motif d'une ample mosaïque à l'étage. Un décor donc, assumé comme tel, qui s'inscrit, à sa manière, dans la mémoire du quartier.

Les associations locales se sont opposées à la transformation en bar à la mode de ce qui fut le temple du meuble. Le Barrio Latino est aujourd'hui l'un des centres de la vie nocturne du quartier. La tenue des clients de ce type de bar branché tranche sur celle des ouvriers ébénistes. Volontiers habillés de noir, le cheveu court mais hérissé et l'oreille percée, des lunettes noires achèvent cette présentation de soi. Dans les cours pavées où le lierre pousse en abondance, de hauts vélos hollandais équipés de paniers d'osier signalent un mode de vie qui mime le populaire pour mieux s'en distinguer.

Il en est ainsi de la **cour du Bel-Air**, au n° 56, avec ses pavés, ses lilas, sa vigne vierge et son citronnier. Au fond à gauche, on aperçoit les livres et les clients de la librairie L'Arbre à Lettres dont l'entrée est au n° 62.

Le **passage du Chantier**, au n° 66, est au cœur de ce qui reste du monde traditionnel des ébénistes : la copie de meubles de style et la restauration de pièces anciennes, avec les doreurs et les tapissiers d'ameublement, emploie encore de nombreux ouvriers d'art.

Toutefois les meubles sont de moins en moins fabriqués sur place : les ateliers sont désormais en province où les prix fonciers et immobiliers sont moins élevés. L'activité artisanale traditionnelle a été également mise à mal par la fabrication en série, les réalisations à la pièce devenant trop coûteuses.

Cette industrialisation a été facilitée par l'évolution même de la conception des meubles, désormais sans moulures et moins décorés. L'apparition de nouveaux matériaux, le verre, l'acier et le plastique, ont eu raison du monopole du bois. De sorte que les ébénistes sont dix fois moins nombreux qu'il y a trente ans. Pourtant le passage reste évocateur de ce que put être le faubourg lorsque les cours et les étages bruissaient au rythme des scies, des rabots et des gouges.

La **cour Bedel**, au n° 74, est spectaculaire. Le XIXe siècle est là, matérialisé dans cet ensemble industriel dont la cheminée centrale défie les siècles, avec ses 32 mètres de haut. La grande verrière est à l'image des gares parisiennes avec cette architecture de verre et de fer, typique de l'époque. La disposition en longueur des bâtiments, les chaudières à vapeur qui fournissaient la force motrice étant souvent installées en fond de cour, permettait une distribution rationnelle de cette force aux machines, scies et tours des ateliers que les bureaux ont désormais supplantés.

C'est aussi, en cette fin du XIXe siècle, que le paternalisme triomphe. Les ouvriers et les patrons vivaient et travaillaient dans une proximité physique constante. Les premiers occupaient les petits logements dans la cour, aux étages supérieurs, tandis que le patron habitait l'immeuble en pierre de taille sur rue, construit vers 1870-1880. Son entrée monumentale, avec ses décorations et ses sculptures, symbolisait la puissance et le pouvoir. En traversant la rue du Faubourg-Saint-Antoine, on se rend compte, à partir du trottoir d'en face, de la majesté de l'immeuble patronal à l'entrée de la cour Bedel, de sa largeur imposante et de la richesse de la décoration du balcon. La proximité spatiale entre patron et ouvriers n'empêchait pas la manifestation dans l'architecture de la distance sociale qui séparait les uns des autres.

De ce côté des numéros impairs, au n° 73, la **cour**, rebaptisée **des Shadocks**, est presque entièrement *gentrifiée*. Sur les pavés, les tables et les bancs de bois sont des promesses de convivialité. Agrémentée par une décoration végétale dans de grands pots de terre cuite, la cour artisanale, devenue un lieu «tendance», a toutefois épargné un atelier de tapisserie qui travaillait autrefois au capitonnage des sièges pour ses voisins ébénistes.

La **cour de l'Étoile-d'Or**, au n° 75, est révélatrice du mélange social typique de la fin du XXe siècle, avec une petite maison et un ravissant trompe-l'œil, occupé par un restaurateur en tapisserie et des lofts habités par de nouveaux habitants de la Bastille qui laissent au pied de l'escalier leurs vélos noirs. Malheureusement cette cour est souvent fermée par un digicode, ce qui est devenu fréquent dans le quartier et correspond à un degré avancé de *gentrification*. Le même processus est tout aussi visible au n° 81, où s'ouvre la **cour des Trois-Frères**, et au n° 89 avec celle de **la Maison-Brûlée**.

Les ateliers libérés par les artisans, qui offrent de vastes surfaces éclairées par de larges verrières, ont été appréciés par de jeunes artistes à la recherche d'espaces à la portée de leurs bourses. Le maintien des locaux sous le régime des baux commerciaux les a préservés d'une trop forte hausse des prix ou des loyers. «La plupart sont à usage locatif, sans droit à habitation. Contournant le danger de voir des loyers commerciaux relativement bas [...] retomber en loyer libre s'ils déclarent un changement d'activité, les artistes rachètent [ces baux] dissimulant au besoin leur activité réelle. En effet, l'activité artistique ne permet pas [de les] acquérir dans les conditions faites aux artisans.[1] » Les artistes trouvent à la Bastille, après Montmartre, Montparnasse et Saint-Germain-des-Prés, un quartier relativement central avec des locaux adaptés à leurs activités.

Traces du passé, rue de Charonne

On retrouve cours et passages dans la **rue de Charonne**, à droite en revenant sur ses pas. Au n° 5, la **cour Saint-Joseph** avec ses graphistes, ses sociétés de conseils et de marketing, mais aussi et encore son doreur sur bois. Entre cours et passages, des cafés à la mode et donc à l'ancienne, avec les menus et les plats du jour inscrits à la craie sur de grandes ardoises. Au n° 26, le **passage Lhomme** mêle les activités de reliure et d'ébénisterie à celles de l'édition. La muséification du passé est symbolisée par la présence de la cheminée d'une ancienne usine du XIXe siècle.

À l'entrée du passage, les boîtes aux lettres, remises à neuf, attestent par leur nombre de l'exiguïté des appartements. On retrouve tous les ingrédients de la *gentri-*

---

1. Vincent Barré, « Les lieux d'artistes de Soho à la Bastille », *Urba*, n° 210, novembre 1985.

fication : vélos, pavés et verdure évoquent un mode de vie plus bucolique qu'artisanal. Ce lieu de sociabilité exceptionnelle que sont les cours, les passages et autres impasses, véritables havres de paix à l'abri des turbulences urbaines, évoque l'image du village. La néo-bourgeoisie artiste et intellectuelle se réapproprie donc des espaces artisanaux transformés en lofts, mais aussi des bars. Comme le Pause Café qui était le lieu de rendez-vous des protagonistes du film de Cédric Klapish, *Chacun cherche son chat* (1994), entièrement tourné dans ce quartier.

Sur la gauche, la **rue des Taillandiers** rappelle encore le passé de petite métallurgie du quartier. Les taillandiers étaient spécialisés dans la fabrication des outils tranchants, notamment pour les charpentiers. À gauche, prendre le **passage des Taillandiers**. Au nº 12, un ébéniste d'art y a toujours son atelier au premier étage. Ce passage est très hétérogène. Il débouche sur le **passage Thiéré**, à droite. Selon l'heure de la journée, on peut emprunter au nº 9 du passage un boyau urbain, à gauche, la cour Quellard qui aboutit au nº 41 de la rue de Lappe. Sinon, revenir par le passage Thiéré et à droite, par la rue de Charonne, prendre à droite la rue de Lappe.

Bals et vie nocturne, rue de Lappe

Au 41, **rue de Lappe**, on est d'emblée dans les origines auvergnates de cette rue. À cette adresse, le restaurant La Galoche d'Aurillac est spécialisé dans la cuisine du Massif central. On peut même y acheter des galoches de bois et adhérer à l'association La Bourrée de Paris. Les Auvergnats, profitant des privilèges confirmés sous le règne de Louis XIV, s'installèrent en nombre, eux aussi, dans cette zone franche. Chaudronniers, ferblantiers ou ferrailleurs, ils formèrent l'autre pôle de développement du quartier. La fourniture des machines à bois pour les fabricants de meubles fut le moteur de cette implantation. Dès le XVIIe siècle, menuisiers et ébénistes s'y établirent. Cette rue, avant de devenir un haut lieu de la vie nocturne, était consacrée au travail du bois et du fer.

Les vendredis et samedis soir, la rue est envahie par une jeunesse très en phase avec la nouvelle population du quartier. On y remarque nombre de jeunes voyageurs, le lieu semblant être un endroit international de rendez-vous. Mais il s'agit d'une jeunesse plutôt aisée car les cafés et dancings sont chers. Jusque tôt le matin, la cohue ne faiblit pas. La Chapelle des Lombards au n° 19 se présente comme une «discothèque tropicale». On y danse aux rythmes des musiques latines, africaines ou antillaises. Le **Balajo** est au n° 7. Bal populaire, où l'on dansait au son de la musette, puis de l'accordéon, il devint dancing en 1936, variant alors les musiques. La musette est un instrument en peau de chèvre, proche de la cornemuse. L'accordéon, importé par les Italiens, en a eu raison. La tradition festive du quartier est donc ancienne. Depuis l'entrée, on peut apercevoir la pittoresque salle de danse au plafond bleu nuit parcouru d'étoiles filantes qui accompagnent les danseurs dans leurs tourbillons. Sa décoration est due à Henri Mahé, comme celle du cinéma Rex sur le boulevard Poissonnière. On y donne encore un bal musette chaque dimanche après-midi. Les autres jours, le Balajo propose «toutes danses jeunes». Les accordéonistes Yvette Horner, André Verchuren et Jo Privat y construisirent leur célébrité[1].

Il y eut jusqu'à quinze bals musette dans la seule rue de Lappe, dont le Balajo, la Chapelle des Lombards, la Boule Rouge ou le bal Bousca. Les Auvergnats venaient y danser le dimanche. Le Balajo et la Chapelle des Lombards sont les derniers témoins de cette vocation d'un loisir essentiellement populaire mais qui attirait, déjà, en ces lieux supposés mal famés, une certaine bourgeoisie et surtout des artistes en mal de sensations fortes. L'endroit fut « fréquenté par Arletty, Joseph Kessel, Francis Carco, Peter Cheyney, Robert Mitchum et même le duc et la duchesse de Windsor peut-être venus s'encanailler au milieu des "marlous" de l'époque, en costumes serrés et cravates voyantes, qui avaient succédé aux

---

1. Claude Dubois, *La Bastoche : bal musette, plaisir et crime. 1750-1939*, Paris, Éditions du Félin, 1997.

"apaches"[1] ». Les autres dancings de la rue de Lappe ont fait place aux restaurants et cafés, dont plusieurs bars espagnols avec leurs spécialités de tapas. Du temps du franquisme, les réfugiés politiques avaient du plaisir à s'y retrouver.

Les Auvergnats ouvrirent de nombreux commerces et cafés dans le quartier, accélérant ainsi un exode rural qui permettait aux familles paysannes restées dans le Massif central d'y vivre mieux. Ils sont originaires de sept départements : Puy-de-Dôme, Cantal, Haute-Loire, Aveyron, Lozère, Lot et Corrèze. Ils sont encore suffisamment nombreux et organisés pour éditer un hebdomadaire, *L'Auvergnat de Paris*. En vente dans les kiosques, cette publication a été créée le 14 juillet 1882. Elle a pris en 2005 l'appellation « CHR – Cafés-Hôtels-Restaurants », avec en sous-titre son ancien nom. Ce changement prend en compte la spécialisation dans laquelle ont excellé les Auvergnats, la publication devenant presque le journal officiel de la profession.

Les Produits d'Auvergne au n° 6, magasin d'alimentation plus que centenaire, créé en 1870, avec de grands miroirs et un comptoir de marbre, propose la vente directe, en plein cœur de Paris, des charcuteries fabriquées par la même maison dans le Cantal. Même l'hiver, porte fermée, l'odorat du passant est caressé par les somptueuses odeurs de charcuterie et de fromage qui suintent de cet antre pantagruélique.

---

1. Denis Michel, Dominique Renou, *Le Guide du promeneur du 11ᵉ*, Paris, Parigramme, 1993, p. 93.

La cour Damoye : l'avenir du faubourg ?

La rue de Lappe se prolonge dans la **rue Daval**, que l'on atteint après avoir traversé la rue de la Roquette, avec une pensée pour Paul Verlaine qui habita avec sa mère au-dessus de la Brasserie la Rotonde (17, rue de la Roquette). La rue Daval a vu nombre de ses boucheries et cafés auvergnats rachetés par des établissements plus conformes au nouveau destin du quartier. Comme Le Lèche-Vin, au n° 13, incroyable bric-à-brac religieux où l'on consomme entre deux christs sous le regard de vierges, de saints et de bouddhas. Mais le Relais du Massif central au n° 16 demeure un authentique repaire auvergnat à la cuisine roborative.

L'itinéraire se termine au n° 14 où la **cour Damoye** offre un exemple de rénovation aboutie (fermée le soir).

Mêlant logements, ateliers et commerces, elle était représentative de l'urbanisme du faubourg et de sa vie

populaire intense. Voie privée, longue de 124 mètres et large de 6 en moyenne, elle fut ouverte en 1780 sur le terrain acheté et loti par Antoine-Pierre Damoye. La rénovation conduite par la société Pierre et Stratégie a concerné la totalité des bâtiments de la cour redevenue un espace privé après avoir servi de passage.

Dans une présentation publicitaire de l'opération, le promoteur mettait à la fois l'accent sur l'aspect villageois de cette cour et sur les avantages de la modernité des installations proposées : « Au 12 de la place de la Bastille, le plus parisien des lieux de charme. Devenez riverains d'un village dans Paris. La construction typique de l'architecture des faubourgs fait de la Cour Damoye un véritable village dans la ville, avec ses commerces, ses ateliers et bureaux (25 lots) et ses 64 appartements du studio au 5 pièces. » Les locaux à vélos n'ont pas été oubliés, de même que les systèmes de « vidéo surveillance » et les « interphones électroniques ». Comme le résume la brochure, « tout ce que la modernité offre de mieux à l'Histoire ». Les galeries d'art et les commerces d'artisanat sont à l'image de la population qui dans quelques décennies aura conquis tout le quartier. La cour Damoye est le résultat de la transformation d'une cour artisanale du Paris d'autrefois en une cour résidentielle qui a gardé le décor des vies antérieures. Bertrand Tavernier y a tourné, avant sa rénovation, quelques scènes de *La Fille de d'Artagnan*, film dont la critique a souligné la qualité de la reconstitution historique.

Le **métro Bastille** est à deux pas de la sortie de cette cour qui débouche sur la place de la Bastille.

BIBLIOGRAPHIE

Azzano Laurent, *Mes joyeuses années au Faubourg. Souvenirs du faubourg Saint-Antoine*, Paris, France Empire, coll. « Si 1900 m'était conté », 1985.

Barré Vincent, « Les lieux d'artistes de Soho à la Bastille », *Urba*, n° 210, novembre 1985.

Boner-Lapierre Bernard, « L'Opéra de la Bastille dans sa cité », *Urbanisme*, n° 206, 1985.

Dubois Claude, *La Bastoche : bal musette, plaisir et crime. 1750-1939*, Paris, Éditions du Félin, 1997.

Funck-Brentano Frantz, *La Bastille et le Faubourg Saint-Antoine*, Paris, Hachette, 1925.

Girard Roger, *Quand les Auvergnats partirent conquérir Paris*, Paris, Fayard, 1980.

Kaplan Steve, « Les corporations, les "faux ouvriers" et le faubourg Saint-Antoine au XVIIIe siècle », *Annales ESC*, mars-avril 1988, n° 2, p. 353-378.

Le Faubourg Saint-Antoine, Architecture et métiers d'art, Paris, Action artistique de la Ville de Paris, 1998. Textes réunis par Jean-Baptiste Minnaert.

Michel Denis et Renou Dominique, *Le Guide du promeneur du 11e*, Paris, Parigramme, 1993.

Paris Projet n° 32-33, « Quartiers anciens, approches nouvelles », 1998.

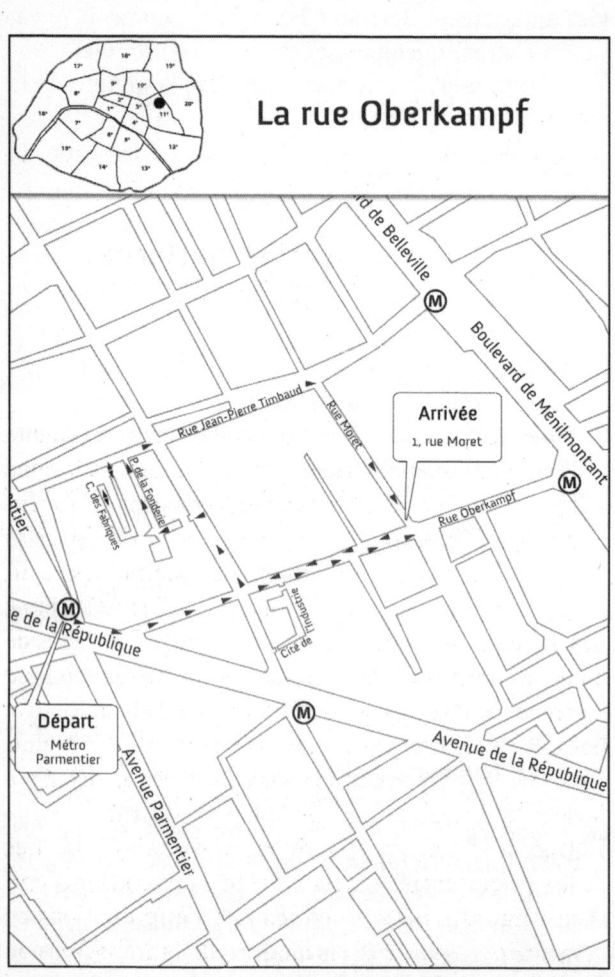

La rue Oberkampf

Boulevard de Belleville

Boulevard de Ménilmontant

Rue Jean-Pierre Timbaud

Rue Moret

P. de la Fontaine

C. des Fabriques

Arrivée
1, rue Moret

Rue Oberkampf

...tier

...e de la République

Cité de l'Industrie

Départ
Métro
Parmentier

Avenue Parmentier

Avenue de la République

CHAPITRE VIII

Un nouveau quartier nocturne :
la rue Oberkampf

Ville touristique, Paris accueille près de trente millions de visiteurs chaque année. La nuit parisienne fait partie de l'imaginaire attaché à cette capitale exceptionnelle. La nuit est l'essence même de la ville dans sa tentative d'échapper aux lois et aux contraintes naturelles. La nuit est déniée, illuminée, de telle sorte qu'une des dimensions essentielles du phénomène urbain réside dans cet irrespect du rythme nycthéméral, comme disent les biologistes, né de l'alternance de la lumière et de l'ombre générée par la rotation terrestre. La ville plus forte que le mouvement des planètes et des astres, il y a là de quoi construire une mythologie moderne.

Une ville qui vit la nuit est une vraie ville. Les villes de province, « c'est mort le soir », selon l'opinion commune. Ces villes cessent d'être urbaines en consacrant la nuit au sommeil. Mais la transgression de l'ordre cosmologique suppose du travail. Aussi la nuit n'est pas que loisir, de nombreuses activités liées aux transports, aux services et à la sécurité sont nécessaires à sa réussite.

L'itinéraire proposé dans le 11ᵉ arrondissement, pour aborder la nuit parisienne, doit paradoxalement commencer en fin d'après-midi : avant que les passages ne ferment, que les commerces ne baissent leurs rideaux et que les entrées d'immeubles ne soient inaccessibles. C'est la condition pour pouvoir prendre conscience des facteurs urbains qui ont permis la transformation de quartiers populaires et ouvriers en hauts lieux de la vie nocturne consacrés par la mode. Mais comment et pourquoi une population qui se veut et se vit d'avant-garde jette-t-elle son dévolu sur ces vieux quartiers délaissés ?

La manière la plus efficace de saisir l'atmosphère, les changements à l'œuvre et les enjeux urbains est donc de commencer cet itinéraire vers 17 heures, avant que l'activité diurne ne cesse, et de dîner dans l'un des nombreux restaurants à la mode. Les soirées des fins de semaine sont les plus animées.

La rue Oberkampf, un fief de la « bourgeoisie bohème »

À la sortie du **métro Parmentier**, dessinée par Hector Guimard, prendre, sur la gauche, l'**avenue de la République** puis tout de suite à gauche la **rue Oberkampf**. Dès le nº 80, avec le fleuriste Alain Bousquet et ses assortiments de plantes vertes destinées à orner les vieilles cours pavées, des fleurs coupées disposées dans de vieux arrosoirs en tôle galvanisée, posés sur des escabeaux de jardiniers ayant déjà beaucoup servi, le promeneur comprend que ce quartier vit à l'heure de l'émotion nostalgique se nourrissant des souvenirs surgissant d'un passé lointain. Les fleuristes préparent les bouquets derrière un comptoir de café en zinc, aménagé à cet usage, dont l'origine remonte au moins au début du XXe siècle. On se trouve donc d'emblée dans une mise en scène du passé populaire du quartier, comme à la Bastille. Il y a de la *gentrification* dans l'air. Les ouvriers ont vu leur proportion dans la population active diminuer de moitié, dans le 11e arrondissement, entre 1982 et 1999, passant de 24 % à 12 %. Alors que les cadres et professions intellectuelles supérieures doublent leur représentation (15,7 % à 32,9 %). Le prix du mètre carré dans le logement ancien a progressé de 120 % entre 1991 et 2007, passant de 2 710 euros à 5 969 euros, selon la Chambre des notaires, donc plus que la hausse moyenne parisienne qui avait été de 103 %.

Le **Mécano Bar**, au n° 99, est un exemple de la décoration des établissements du quartier. La préservation des traces du passé est affichée dès l'entrée au-dessus de laquelle figure encore l'enseigne « Machines-outils et outillage moderne », pour rappeler que ce lieu était autrefois celui d'une petite entreprise d'outillage. À l'intérieur, la recomposition de ce passé ouvrier est la règle. Comme avec cette fenêtre d'atelier dont les vitres étroites et hautes ont été masquées par des pages de *L'Illustration* ou de *La Vie parisienne* dont l'érotisme pudibond fait aujourd'hui sourire. Une boîte à outils, fixée par son fond au mur, offre aux regards la panoplie du parfait ouvrier professionnel des années trente. Des tables sont équipées de lampes composées avec de vieilles tulipes d'ateliers en verre, des clefs plates, des marteaux et des serre-joints servant à former un piédestal. Les clefs ornent aussi les ardoises qui, comme dans tous les restaurants du quartier, indiquent à la craie blanche les prix des différents plats et autres tapas. Jusqu'au distributeur de préservatifs aux toilettes qui est orné de pinces.

Le **Quartier Général**, au nº 101, tel un écomusée, multiplie les références à la production industrielle avec sa tuyauterie imposante qui n'a d'autre fonction que décorative. La clientèle apprécie cette remémoration du passé laborieux et ouvrier du quartier. Celui-ci était spécialisé dans la petite métallurgie et la petite mécanique. On fabriquait là des outils et des machines, un travail qualifié qui reposait sur une main-d'œuvre politiquement remuante. La délocalisation de la production, la réduction de l'activité et la flambée des prix immobiliers sur l'ensemble de Paris ont eu raison de ce noyau de petites industries et d'artisanat.

Dans un passé plus lointain, le textile et le travail du bois étaient présents, d'où le nom d'Oberkampf donné à la rue. Cet industriel allemand (1738-1815) créa la toile de Jouy qui fut réalisée dans l'une des premières manufactures de tissus imprimés, à Jouy-en-Josas, dans la vallée de la Bièvre au sud de Paris. Le mobilier du Quartier Général est le contraire du clinquant et sa banalité extrême est là pour rappeler le bistrot populaire disparu.

Prendre le **trottoir de droite de la rue Oberkampf**. Les cafés à la mode se succèdent. Comme **Chez Justine**, au nº 96, dont le propriétaire a été en 1999 le lauréat du prix René-Lafon, créé par le journal *L'Auvergnat de Paris* pour récompenser le meilleur professionnel de l'année. Ce lauréat s'inscrit dans une lignée déjà consacrée puisque son père est le propriétaire du Dôme, l'un des grands établissements de Montparnasse. Quant à René Lafon, il fut le fondateur de La Coupole en 1926. Les patrons des bars d'Oberkampf ne sont pas des amateurs. Le quartier nocturne a besoin de nombreux cafés et restaurants et de quelques lieux complémentaires, où écouter de la musique et danser. Ces établissements, dont certains n'ouvrent que dans la soirée, cohabitent encore avec les traces, et parfois les habitants, du quartier d'autrefois.

Au fond d'une cour pavée, au n° 98, on découvre ce qui devait être la maison d'un petit patron de l'industrie locale, une demeure aujourd'hui mélancolique, avec juste à côté une ancienne fabrique d'étuis à lunettes de luxe. La structure urbaine rappelle l'ancien faubourg Saint-Antoine avec des passages, des cours, des impasses et leurs nombreux ateliers.

Au n° 98, encore, une mercerie et une quincaillerie ont été réunies en un même café. À l'intérieur sont rassemblés des meubles hétéroclites dont la banalité extrême fait songer à une première sélection réalisée par Marcel Duchamp pour un nouveau ready-made. On est devant une collection d'objets populaires qui constituent une sorte d'inventaire des meubles d'autrefois, avec des chaises, des fauteuils, des canapés, une table d'hôte venue tout droit d'une ferme abandonnée. Mais la ville ne semble-t-elle pas devenir simple décor de théâtre ? Ces objets ne sont-ils pas en porte à faux par leur discordance apparente avec ceux qui les utilisent ? Car c'est bien un public que l'on pourrait croiser dans un musée d'art moderne qui fréquente ce genre de café. La population nocturne n'apparaît pas en harmonie avec les lieux. Les tenues et les attitudes ne sont guère populaires. Il ne s'agit pas de jeunes des banlieues pauvres, comme aux Halles ou sur les Champs-Élysées. Mais il importe autant au consommateur qu'à la vieille chaise de faire partie des habitués de la rue Oberkampf, avec le même espoir, celui de trouver dans le décalage de l'endroit une affirmation de son originalité et de sa qualité.

La **cité du Figuier**, aux numéros 104-106, ouvre sur une longue cour en voie de *gentrification*, avec encore des pavés, des plantes vertes et des vélos. Un ancien atelier d'artisan a été décoré de bas-reliefs en bois qui représentent des éléphants dans un style hindou du plus bel effet. Un palmier ajoute encore une note d'exotisme à ce réaménagement. Les artisans ont donc laissé leurs ateliers aux artistes et aux *designers*, à des sièges d'associations et à des sociétés de conseil.

Le nouvellement bien nommé **114** (ex-Cithéa Nova) situé au n° 114 est l'un des établissements du quartier qui bénéficie d'une autorisation d'ouverture tardive et ferme à 4 heures du matin.

À ce niveau, traverser la rue Oberkampf et la redescendre. La porte du n° 115 ouvre sur une autre cour pavée, inévitablement bordée de plantes vertes et de bambous. Mais l'habitat y est encore populaire malgré quelques ateliers transformés en lofts. Lors des journées durant lesquelles les artistes ouvrent leurs portes, des peintres, des sculpteurs et des photographes accueillent les passants. À la même adresse, mais sur rue, d'antiques machines à coudre sont devenues les tables du café Les Abat-Jour à Coudre.

Entrer au n° 113 donnant accès au bureau de poste. Des immeubles de logements pour les salariés de ce service public ont été conçus par Frédéric Borel, d'une manière moderne et inventive qui tranche sur le misérabilisme chic qui les entoure. Cet architecte a conçu une sorte de paquebot dont les passerelles et les ouvertures sur le ciel permettent de vaincre l'impression d'enfermement souvent ressentie dans ces îlots très denses.

Le magasin de bobines de fil pour machines à coudre professionnelles, au n° 111, confirme la présence d'ateliers de confection dans le quartier. Au n° 109, c'est un tout autre monde avec le **Café Charbon**, l'un des établissements phares du quartier. Ici il y avait un bougnat, qui vendait du charbon tout en tenant un estaminet, et en proposant cigarettes et cigares, de «luxe» comme le revendique une vieille enseigne. La salle, agrandie par les vastes miroirs qui couvrent les murs, est bien représentative du style des établissements du quartier. Le vieux comptoir en zinc est éclairé par des lamparos, qui ont aidé les pêcheurs de Catalogne à attirer le poisson. Les sièges ont aussi quelque chose d'une collection. Des fresques en descente de plafond, dans un style impressionniste faisant songer à Manet ou Toulouse-Lautrec, ont un caractère moins saugrenu. Mais la clientèle est ici la même qu'au Mécano et dans les autres bars : plutôt jeune, très mode dans la façon de se vêtir.

La nuit, le social objectivé dans les immeubles, ateliers et autres cours artisanales a bien sûr toute son importance mais le social incorporé dans les corps devient prépondérant. Un quartier animé la nuit est un quartier où il y a des foules qui déambulent, où l'on se regarde, où l'on se montre, où l'on observe les tenues des uns et des autres. La nuit, les corps se mettent en scène et affichent des schèmes de comportements spécifiques. Allures grandes bourgeoises à la sortie d'une première de l'Opéra, allures d'avant-garde exigeant le port de lunettes de soleil même la nuit. La ville ne peut être considérée comme un simple paysage, un contexte architectural, comme un produit dont il suffirait de rendre compte par les conditions de sa genèse. Il existe même une concurrence acharnée entre les acteurs de la nuit où s'autodéfinit une certaine excellence, celle des initiés. Beaucoup de traits font penser à un snobisme qui n'est pas loin de celui caricaturé par Boris Vian dans *J'suis snob*, dans un contexte qui ne devait pas être très différent puisqu'il s'agissait de l'émergence de Saint-Germain-des-Prés au sommet alors de la hiérarchie des quartiers intellectuels et artistes. Mais une identité forte semble se manifester sur une approche de l'art, de la musique, de la culture. Le multiculturalisme est structurant de ce monde de la nuit dans ces quartiers de l'Est parisien.

Rue Saint-Maur :
extension de la *gentrification*

Oberkampf

En arrivant **rue Saint-Maur**, prendre à droite. Au nº 102, une autre boutique d'Alain Bousquet, **L'Arrosoir**, atteste que la clientèle locale est friande de fleurs exotiques et de plantes grasses pour orner cours et passages. Pas de plantes raffinées ici, mais des végétaux rustiques, mieux adaptés à un environnement qui reste modeste.

En face, le 111 est représentatif de l'évolution du quartier. L'usine André-Debrie y employait quelque trois cents ouvriers pour fabriquer des caméras de 16 mm semi-professionnelles. Aujourd'hui l'usine et son magasin ont été transformés en salle de billard et en salle de mini bowling, dans une ambiance tamisée et une décoration Nouvelle-Orléans. D'où son nom, le Blue Billard. Le nom de l'ancien propriétaire des lieux orne le fronton de l'immeuble où se trouvaient les ateliers, occupés par des architectes et des designers. La rue Saint-Maur commence à être grignotée à son tour par des cafés à la mode.

Au nº 119, le **passage de la Fonderie**, dont l'accès est possible dans la journée, est le seul du quartier à avoir été entièrement rénové et restauré. À l'entrée, des bâtiments neufs ont remplacé ce qui devait être de vieilles masures inconfortables. Le passage fait un coude à angle droit au-delà duquel les vieux ateliers de petite métallurgie sont tous restaurés et occupés par des artistes qui ouvrent leurs portes à l'occasion des journées organisées par les Ateliers d'Artistes de Belleville.

Rue Jean-Pierre-Timbaud : une mixité sociale affirmée

En sortant par l'autre extrémité du passage, on se retrouve rue Jean-Pierre-Timbaud. À gauche, au nº 70, la **cour des Fabriques** est exemplaire du passé industriel, artisanal et ouvrier du quartier. Le bâtiment central est entouré d'une cour en fer à cheval bordée par des ateliers encore en fonction. Les logements, modestes, sont de petite taille.

En remontant la rue Jean-Pierre-Timbaud, à droite en sortant de la cité, on constate un mélange de cafés et de commerces populaires ou ethniques et de quelques établissements branchés. La présence de boutiques musulmanes et africaines annonce Belleville.

Le passé ouvrier et le passé de luttes sociales de toute cette partie du 11ᵉ arrondissement se lisent dans le bâtiment de la **Maison des Métallurgistes**, au nº 94. À l'extérieur, une plaque explique que Jean-Pierre Timbaud (1904-1941) était un métallurgiste parisien, militant syndical à la CGT, et qu'il fut fusillé par les nazis le 22 octobre 1941 à Chateaubriand. Les façades et les toitures de ce bel ensemble architectural sont classées. Acheté en 1936 par le syndicat CGT des métallurgistes, il a été vendu à la Ville de Paris, sous condition qu'elle en fasse un équipement socioculturel, l'Union fraternelle des Métallurgistes y ayant toujours des locaux. Avec des salles d'exposition et de concert, et un théâtre, ce lieu est devenu la synthèse symbolique du quartier, mêlant le passé ouvrier et le présent culturel des classes moyennes intellectuelles.

Avant de reprendre le métro, ne pas hésiter à entrer au n° 98, dans une cité représentative de l'habitat populaire de l'Est parisien. Cinq immeubles disposés en parallèle se succèdent. Ils sont de statut privé et la plupart des logements sont habités par leurs propriétaires. Les anciens ateliers en rez-de-chaussée ont été transformés en lofts, ce que révèlent les bancs, les pots et les jarres où poussent palmiers et eucalyptus. Signes de l'existence d'une certaine mixité sociale dans cette vieille cité.

Rue Moret, à droite, du n° 25 au n° 15, il s'agit encore d'un vaste ensemble immobilier de rapport, destiné à des familles modestes à l'origine. L'immeuble sur rue n'a pas grand intérêt, mais celui bâti derrière, sur cour, est séparé du premier par un fossé : des ateliers ont été aménagés en sous-sol et, pour leur donner une lumière suffisante, l'espace entre les deux immeubles a été creusé de la valeur d'un étage. Si bien que pour passer de la rue et du premier bâtiment au second on emprunte des passerelles qui surplombent cette fosse inattendue. Nombre de ces ateliers sont aujourd'hui des ateliers d'artistes. Ces deux ensembles immobiliers sont caractéristiques de l'urbanisation privée de quartiers ouvriers : construits à l'économie, très denses, avec un confort à l'origine limité et des surfaces habitables réduites, ces logements devaient héberger des familles ouvrières pour le plus grand profit des propriétaires. Mais il est devenu difficile d'entrer dans ces immeubles en raison de la présence de digicodes. Patience donc pour les passionnés de l'histoire du logement.

Ces rues du 11e arrondissement présentent encore une mixité sociale importante. Certes, leur succès comme lieu de vie nocturne va de pair avec une *gentrification* perceptible et la transformation ou la création de cafés et de restaurants. Il n'est pas certain pourtant que le mouvement amorcé aille aussi loin qu'au faubourg Saint-Antoine, car la vie nocturne attire un public qui réside souvent ailleurs et ne cherchera pas systématiquement à venir habiter dans le 11e. Les noctambules sont des oiseaux de nuit voyageurs : ce n'est pas au bar de leur immeuble qu'ils vont, pour la plupart, chercher à passer la soirée, voire la nuit. Aussi il existe deux rues Oberkampf, celle du jour et celle de la nuit.

Au bout de la rue Moret, on rejoint la rue Oberkampf : en prenant à droite, on atteint le métro Parmentier, et à gauche, le métro Ménilmontant.

BIBLIOGRAPHIE

CAMMAS Alexandre, *Nuits blanches à Paris*, Paris, Pari-gramme, coll. « Paris est à nous », 1999.

CAUQUELIN Anne, *La Ville la nuit*, Paris, PUF, 1977.

CHEVALIER Louis, *Histoires de la nuit parisienne*, 1940-1960, Fayard, 1982.

CHEVALIER Louis, *Les Ruines de Subure, Montmartre de 1939 aux années quatre-vingt*, Paris, Robert Laffont, 1985.

DELEUIL Jean-Michel, *Lyon la nuit. Lieux, pratiques et images*, Lyon, PUL, 1994.

DESJEUX Dominique, CHARVIN Magdalena, TAPONIER Sophie (sous la dir. de), *Regards anthropologiques sur les bars de nuit. Espaces et sociabilités*, Paris, L'Harmattan, coll. « Dossiers sciences humaines et sociales », 1999.

Encore une nuit à Paris, Paris, L'Harmattan, coll. « Vis-à-villes », 1997 (ouvrage collectif).

RESTIF DE LA BRETONNE Nicolas Edme, *Les Nuits de Paris*, dans *Paris le jour, Paris la nuit*, Paris, Robert Laffont, coll. « Bouquins », 1990 (avec également des textes de Louis-Sébastien Mercier).

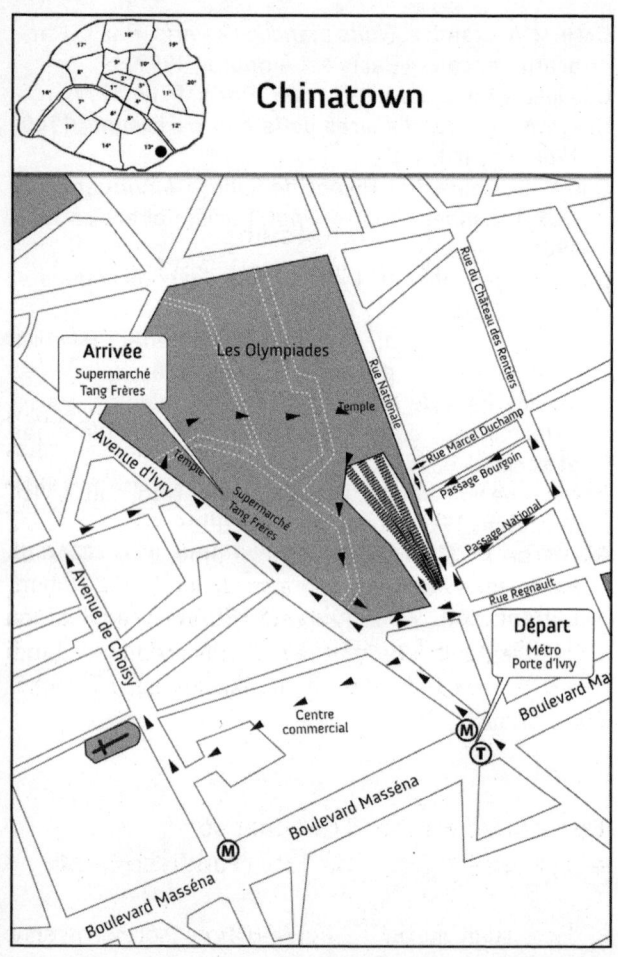

CHAPITRE IX

Chinatown,
un ghetto chinois à Paris ?

Le dimanche est l'un des jours les plus agréables pour se rendre au quartier chinois. Les supermarchés et les lieux de culte sont ouverts, les familles asiatiques viennent en foule y faire leurs emplettes, s'y promener et retrouver proches et amis au restaurant. Mais le monde souterrain sous la dalle des Olympiades est alors fermé. On peut préférer le samedi, ou un jour ordinaire de semaine, moins animé. Le lundi serait le jour le moins favorable, les supermarchés étant fermés.

Les usines Panhard et Levassor
et le passé ouvrier du 13ᵉ arrondissement

En sortant du **métro Porte-d'Ivry** (sortie « avenue d'Ivry – boulevard Masséna », côté des numéros pairs), on découvre l'un des rares vestiges de l'ancien quartier industriel et populaire : les restes des **anciennes usines Panhard et Levassor**, avec l'alignement brisé de leurs *sheds*[1] et leurs murs de brique rouge qui font songer au XIXe siècle. Ces restes témoignent de la désindustrialisation de Paris intra-muros. Aujourd'hui des bureaux ont remplacé les chaînes de montage.

Avant la rénovation des années soixante, le 13e arrondissement était à dominante ouvrière[2]. En 1954, les ouvriers représentaient près de 50 % de la population active, dans le quartier de la Gare, et 40 % à

---

1. « Comble[s] en dents de scie, assurant un éclairage naturel et régulier dans les bâtiments industriels », *Lexis, dictionnaire de la langue française*, Librairie Larousse, 1975.

2. Henri Coing, *Rénovation urbaine et changement social*, Paris, Les Éditions ouvrières, coll. « L'Évolution de la vie sociale », 1966.

Maison-Blanche[1]. En leur agglomérant les catégories
«employés» et «personnels de service», on atteint
des taux de 77 % et de 72 %. En 1999, le 13e arrondissement ne comptait plus que 11 % d'ouvriers et 28 %
d'employés (39 % au total) contre 57 % de cadres
moyens et supérieurs.

L'habitat populaire allait de pair avec un tissu
industriel et artisanal dense. Les usines Panhard et
Levassor, pionnières de l'industrie automobile, s'y
étaient installées dès 1872. Ces usines étaient desservies par la gare de marchandises des Gobelins. Le
tissu industriel s'étendait jusqu'à la place d'Italie
puisque le square de Choisy et le lycée Claude-Monet
ont été établis sur le site d'une usine construite en
1840 qui fournissait le gaz d'éclairage dont la capitale
avait besoin. Plus près, le lycée Gabriel-Fauré, avenue
de Choisy, a été édifié à la place d'une chocolaterie
Menier où travaillaient 800 ouvriers. Elle embaumait
les environs d'effluves de cacao.

Les artisans étaient aussi en nombre. Ainsi le petit
îlot Baudricourt comptait encore, en 1971, au moment
où sa rénovation fut programmée, «cinq entreprises
de fabrication regroupant plus de 150 emplois[2]».
L'immigration chinoise a donc investi un quartier
aux fortes traditions ouvrières, qui accueillait déjà
des populations migrantes au XIXe siècle, lorsque les

---

1. Atelier parisien d'urbanisme, *Paris. 1954-1990. Données statistiques. Population, logement, emploi. 13e arrondissement*, Paris, APUR,
1994. Il s'agit de la population active classée au lieu de résidence.

2. *Paris Projet*, no 21-22, 1982, «Politique nouvelle de la rénovation urbaine», APUR, p. 51.

campagnes françaises se vidaient et fournissaient la main-d'œuvre de l'industrie et de l'artisanat de Paris.

Les Olympiades et la naissance de la Petite Asie

En continuant l'**avenue d'Ivry**, on arrive au niveau des **Olympiades**, à droite, vaste opération de rénovation délimitée par l'avenue d'Ivry, la rue Baudricourt,

la rue de Tolbiac, la rue Nationale et la rue Regnault. Réalisée au-dessus des installations de la gare de marchandises des Gobelins, qui était desservie par une dérivation du chemin de fer de petite ceinture, cette opération se caractérise par une immense dalle à laquelle on accède depuis la rue par des escaliers et des escalators. On se trouve alors au-dessus des voies ferrées, ou de ce qu'il en reste puisque la gare a cessé de fonctionner. Au niveau du n° 32 de l'avenue d'Ivry s'ouvre un sombre passage dénommé rue du Disque qui forme avec la rue du Javelot un réseau de rues souterraines desservant les entrailles des Olympiades. Les murs de béton brut, hauts et encrassés, ont quelque chose de sinistre, voire de lugubre. Décrivant une courbe en sous-sol, la rue du Disque rejoint l'avenue d'Ivry plus loin, entre les n°s 66 et 68. Mais ces rues sous terre n'étant pas très engageantes, mieux vaut poursuivre l'avenue d'Ivry jusqu'au **parvis des Olympiades**.

L'un des objectifs des opérations de rénovation dans les années soixante était de contrecarrer les processus ségrégatifs qui conduisaient à la concentration des catégories les plus pauvres dans les quartiers où l'habitat était le plus dégradé. Les pouvoirs publics ont alors associé des promoteurs privés et des organismes sociaux. Le groupe des Olympiades comprend des logements qui correspondent aux normes et aux financements HLM ou ILN (habitations à loyer modéré ou immeubles à loyer normal), destinés à une population aux ressources modestes ou moyennes, et d'autres en copropriété, pour des ménages plus aisés. «Lors de la construction des appartements,

les promoteurs ont visé une clientèle de cadres supérieurs et moyens, jeunes, qu'ils pensaient attirer par
la modernité du quartier, et par l'avantage d'habiter
Paris en bénéficiant des facilités que l'on trouve plus
couramment dans les banlieues aisées : équipements
sportifs, commerces, activités culturelles...[1] » Les
équipements éducatifs,de la crèche au lycée, étaient
également censés favoriser la convivialité urbaine.

Or il n'en a pas été ainsi. Des difficultés sont venues
entraver le processus de commercialisation des appartements en copropriété. Bien que les prix en aient été
attractifs, les cadres qui constituaient la clientèle cible
de ces tours avaient l'impression qu'on leur proposait
d'habiter dans une cité HLM de banlieue. Si bien que les
réfugiés du Sud-Est asiatique, Vietnamiens, Cambod-
giens et Laotiens, souvent d'origine chinoise, commen-
cèrent à s'installer dans le quartier dès les années
1975 après la chute de Saigon. Ils fuyaient la prise du
pouvoir par les communistes, puis les conséquences de
la guerre sino-vietnamienne de 1979 qui avait provoqué
un nouvel exode des familles d'origine chinoise. Selon
le haut-commissariat pour les réfugiés de l'ONU, de
1975 à 1988, 1 500 000 Indochinois ont quitté leur pays
dont 500 000 sont restés en Asie et 1 000 000 sont partis
vers trente pays étrangers. Les chiffres du ministère de
l'Intérieur indiquent que 145 000 réfugiés d'Indochine
s'installèrent en France entre 1975 et 1977, dont 50 % à
60 % étaient d'origine chinoise.

---

1. Michelle Guillon, Isabelle Taboada Leonetti, *Le Triangle de
Choisy. Un quartier chinois à Paris*, Paris, CIEMI-L'Harmattan,
coll. «Migrations et changements», 1986, p. 27.

Les tours accueillirent de nombreux « boat people » et autres réfugiés à la recherche d'un toit. Ces tours n'avaient pas du tout été prévues pour cela, mais « les loyers lourds ont pu être supportés en surpeuplant les logements, en regroupant dans chacun plusieurs actifs, souvent plusieurs familles nucléaires[1] ». Ni les supermarchés asiatiques, ni le marché de gros sous la dalle des Olympiades n'étaient donc prévus par les concepteurs de la rénovation, mais il en va ainsi de toute concentration de population immigrée : elle ne peut se réaliser qu'à l'improviste, de façon non planifiée, exprimant la complexité et la vitalité de la ville comme création continue et foisonnante des rapports sociaux.

L'insertion de cette communauté chinoise, dans cette opération de rénovation qui n'arrivait pas à prendre racine, a été facilitée par une certaine permanence de traditions locales d'accueil. « La présence de mouvements caritatifs ainsi que la culture ouvrière du 13e ont facilité l'accueil des réfugiés et des immigrés, ceux du Sud-Est asiatique comme des autres exilés, qu'ils soient juifs d'Europe centrale, algériens, portugais, chiliens ou uruguayens, qui les avaient précédés, et cela à travers une tradition de solidarité opérative[2]. »

La présence chinoise à Paris est le résultat de plusieurs vagues d'immigration successives et parfois

---

1. *Ibid.*, p. 35.
2. Jacqueline Costa-Lascoux, Live Yu-Sion, *Paris-XIIIe, lumières d'Asie*, Paris, Autrement, coll. « Français d'ailleurs, peuples d'ici », 1995, p. 38.

simultanées. Les composantes en sont diverses par les origines régionales, d'où des différences linguistiques qui vont jusqu'à l'incompréhension entre immigrés chinois. Les circonstances du départ pour la France ont elles aussi varié : certains immigrants sont arrivés directement de leur région natale en Chine, d'autres sont issus de la diaspora, nombreuse en Asie du Sud-Est, certains n'ayant jamais vécu en Chine. Si bien qu'il n'est pas simple de résumer la genèse de cette immigration ni même de voir clair dans des récits qui ne sont pas toujours cohérents les uns avec les autres.

Les Wenzhou et les Teochew forment les deux groupes les plus importants dans le 13e arrondissement. Les familles chinoises sont d'origines diverses et préfèrent parler de «Petite Asie» ou d'«Indochinatown» plutôt que de quartier chinois ou de «Chinatown». Il est vrai qu'au-delà des différences linguistiques, ce sont des formes culturelles, des niveaux sociaux, voire des dissensions idéologiques et des contradictions politiques qui sont ainsi affrontés. L'homogénéité apparente du «quartier chinois» ne résiste pas à un examen un peu attentif, ne serait-ce que par la diversité des alphabets ou idéogrammes utilisés pour les enseignes commerciales. Il en va de cette immigration comme de beaucoup d'autres : la méconnaissance de la diversité réelle conduit à un amalgame trompeur d'origines et d'histoires en fait multiples.

Sous la dalle, le temple du culte de Bouddha

Après le n° 32 de l'avenue d'Ivry, qui ouvre sur la rue du Disque, on atteint le **parvis des Olympiades** à droite. Le panneau «parvis» indique un escalier qui mène dans une galerie marchande avec à droite des restaurants et un bar PMU. Juste à côté se trouve le siège de l'Association des Résidents en France d'Origine indochinoise (ARFOI). Le président en est Trinh Huy, le propriétaire de Paris Store, second groupe de distribution, après celui des frères Tang. Leur magasin principal se situe au n° 44 de l'avenue d'Ivry. On entre dans les locaux de l'association par une grande salle de réunion, où sont donnés des cours de langues, française ou asiatiques. Elle communique par un escalier en colimaçon, à l'étage en dessous, avec le **temple du culte de Bouddha**, géré par l'ARFOI. Les visiteurs y sont les bienvenus à condition de respecter le caractère religieux et silencieux des lieux. Les Chinois comprennent que l'on soit curieux de leur culture. Leur hospitalité fait partie des règles qu'ils s'imposent pour réussir leur intégration dans la société française. Il n'est pas interdit de verser son obole pour aider la communauté.

Ce lieu de culte est ouvert tous les jours, de 9 heures à 18 heures. Il est fréquenté par des Wenzhou. Ils sont origi-naires d'une province du littoral de la Chine orientale, au sud de Shanghai. Leur présence en France remonte à la Première Guerre mondiale pendant laquelle ils fournirent, avec 140 000 hommes, les plus forts contingents de travailleurs mobilisés sur les chantiers et dans les usines pour pallier les départs au front de la main-d'œuvre française.

Vers 1925, 3 000 de ces Chinois, démobilisés, se seraient fixés dans l'îlot Chalon, passablement vétuste, entre la gare de Lyon et l'avenue Daumesnil[1]. Puis ils auraient occupé les appartements du 3e arrondissement, abandonnés par les maroquiniers juifs déportés. Certains se seraient d'ailleurs reconvertis dans la maroquinerie : encore aujourd'hui, la rue Saint-Martin accueille des fabricants et grossistes maroquiniers d'origine chinoise. Les descendants de ces Wenzhou sont maintenant de prospères commerçants. Bien organisés, disposant d'associations, ils emploient d'autres Wenzhou, plus pauvres car partis dans de mauvaises conditions, fuyant leur pays sans aucune ressource. Ils travaillent aussi pour une autre communauté chinoise, les Teochew. Ils fournissent la main-d'œuvre de la restauration ou de la confection.

Ce temple du culte de Bouddha est un exemple du syncrétisme de la religion chinoise qui emprunte au bouddhisme, mais aussi au confucianisme et au taoïsme[2]. La religion populaire agrémente ces différents emprunts de superstitions et de rituels que l'on peut observer. Il est possible de prendre des photos, mais à condition de ne pas y inclure des fidèles : cela pourrait leur attirer la disgrâce des dieux. Des tables au fond de la salle accueillent des hommes pour de longs palabres ou d'interminables parties de Xiang-qi,

---

1. Live Yu-Sion, article « France », dans Lynn Pan, *The Encyclopedia of Chinese Overseas*, Londres, Curzon, 1999, p. 311-318.

2. Michelle Guillon, Isabelle Taboada Leonetti, *op. cit.*, p. 131.

les échecs chinois. Des photographies rappellent les défilés du Nouvel An et diverses cérémonies, celles où figure un officiel français étant bien mises en évidence. On joue de la musique traditionnelle dans ce temple les lundis, mercredis et vendredis après-midi.

Le dieu de la Terre occupe un petit autel disposé sur le sol, comme dans les établissements commerciaux. Il est dominé à sa droite par l'autel dédié au Bouddha cambodgien. Les deux autels principaux se situent à droite en entrant, d'abord celui de la déesse de la miséricorde, Guanyin, puis celui du génie de la justice. Les offrandes sont généreuses : des oranges, un fruit rare et donc précieux en Chine, et des bouteilles d'huile qui symbolisent la lumière et donc la perpétuation de la vie.

Les autels favorisent le recueillement, mais aussi des pratiques divinatoires. Des jeunes filles se prosternent puis prennent sur l'autel un récipient cylindrique duquel dépassent des bâtonnets. Ce cylindre doit être secoué de façon à faire tomber un bâtonnet et un seul sur le sol. Chacun porte un numéro auquel correspond un oracle imprimé sur une feuille de papier dont toute une collection pend près de l'escalier. Mais encore faut-il vérifier les dispositions de la déesse. On prend sur l'autel deux bouts de bois ayant à peu près la taille et la forme de coquilles de moules. Secoués dans les mains jointes, à la façon de dés, ces morceaux de bois sont jetés sur le sol : si l'un s'immobilise en présentant son côté bombé, masculin, l'autre montrant au contraire son côté plat, féminin, cela signifie que la déesse est présente et que l'oracle peut être recueilli. On se sentira autorisé à acheter une boutique ou à entreprendre un voyage, ou à réaliser toute autre opération. C'est un signe de bon augure. En revanche si les deux bouts de bois s'immobilisent dans la même position, masculine ou féminine, la déesse est absente. Il vaut mieux alors s'abstenir. Il n'y a pas de repêchage possible. Un conseil : s'adresser au bouddha plutôt qu'à Guanyin dès lors qu'il s'agit d'affaires. Le calendrier impérial peut aussi être consulté : il signale les jours fastes, en rouge, et les jours néfastes, en noir.

Un Chinois initié attend à côté des oracles imprimés que l'on vienne le consulter pour se faire expliquer les textes censés décrire l'avenir. L'expert dispose d'un livre pour faciliter son exégèse.

Lieu de rencontre où chacun peut trouver le dieu qui lui convient, pratiquer le culte des ancêtres ou venir faire deviner son avenir, jouer aux échecs avec ses amis tout en évoquant les souvenirs, le temple est un point d'ancrage de la communauté où elle retrouve ses identités.

La dalle des Olympiades : urbanisme fonctionnel et pagodes chinoises

En sortant du temple par le même escalier et en prenant à droite en quittant les locaux de l'ARFOI, on arrive sur la dalle des Olympiades. Si les rues situées dans les tréfonds portent le nom de deux disciplines olympiques, le javelot et le disque, ceux des tours rappellent les villes où se sont déroulés les Jeux : Olympie, bien sûr, puis Athènes, Sapporo, Mexico, Rome, Grenoble, etc. Le projet d'urbanisme prévoyait de structurer l'opération autour d'un important équipement sportif, d'où le choix de ces noms. Mais ce projet ne fut que partiellement réalisé. Curieusement la dalle porte une série de boutiques et de restaurants avec des toits à la chinoise évoquant des pagodes. «Un étonnant exemple d'architecture prémonitoire. Prévues pour être de simples boutiques de voisinage, elles sont devenues des restaurants chinois sans l'avoir rêvé, par une sorte de hasard merveilleux[1]. »

1. Alain Demouzon, *Le Gendarme des barrières*, Paris, Éditions Patrice de Moncan, coll. «Villes écrites», 1993, p. 119.

En prenant la dalle sur la droite, à l'opposé des vraies-fausses pagodes, on se trouve face au centre commercial Oslo. À gauche de l'entrée de cette nouvelle galerie, on atteint un escalier qui mène à une **terrasse** d'où l'on a une vue d'ensemble sur les usines Panhard, l'entrée de ce qui était la gare des Gobelins et les voies ferrées qui la desservaient. La dalle des Olympiades fut construite au-dessus de l'emprise SNCF de cette gare désaffectée. Un paysage urbain inachevé, friches industrielles qui n'en sont pas puisque l'usine est devenue un immeuble de bureaux et que les camions ayant remplacé les trains assurent une noria incessante qui vient nourrir le quartier chinois en gavant son sous-sol. Ce vaste espace en déshérence devait accueillir deux autres tours et être couvert par le prolongement de la dalle actuelle. Mais les difficultés de la commercialisation des appartements en accession au milieu des années soixante-dix et les critiques dont les «immeubles de grande hauteur» firent les frais ont empêché l'achèvement de la dalle.

Le temple des Teochew : à l'image de leur réussite sociale

En rebroussant chemin, on trouve au bas de l'escalier, à droite, une pagode, **siège de l'Amicale des Teochew en France**, c'est-à-dire des Chinois originaires d'une région à l'est de Canton, au nord de Hong Kong. Créée en 1986, cette association comprend plus d'un millier de membres, dont les frères Tang, de leurs vrais noms Bounmy et Bou Rattanavan.

La famille Rattanavan se situe, en 2008, selon l'hebdomadaire *Challenges*, au 271e rang des fortunes professionnelles en France, avec un capital estimé à 120 millions d'euros[1]. Les Teochew appartiennent à la diaspora chinoise en Asie du Sud-Est et ne viennent pas directement de Chine. Dès la fin du XIXe siècle, ils s'installèrent en Indochine, accompagnant la mise en valeur coloniale par la France. Ayant acquis une position sociale confortable, ils n'arrivèrent pas en France démunis. S'ils fuirent la victoire communiste au Viêt-nam, au Cambodge et au Laos, dans les années

1. *Challenges*, 10 juillet 2008. Les frères Rattanavan, bien qu'issus de la diaspora chinoise, portent un patronyme malgache.

1970, ils sont partis dans de meilleures conditions que ceux des Wenzhou qui quittèrent la Chine après le triomphe de l'Armée rouge en 1949. L'amicale des Teochew est donc plus prospère que l'ARFOI. Le but de l'amicale est de «créer une mutualité favorisant l'intégration sociale en France de ses adhérents et de promouvoir l'identité culturelle des Teochew». L'ouverture de ces temples au public non asiatique participe de cette promotion.

Une première salle sert de transition avec le temple. Des Chinois bavardent, jouent aux échecs ou lisent les journaux. Un dieu sur son petit autel surveille le seuil et écarte les importuns. À droite s'ouvre le lieu de culte : il faut se déchausser pour y accéder. Une sonorisation assure une ambiance musicale. Le sol est recouvert de tapis et la salle est vaste. Les pratiques divinatoires sont discrètes, mais les mêmes oracles imprimés que chez les Wenzhou sont accrochés au mur. Si les discussions vont bon train dans la première salle, la seconde invite au recueillement et au silence. Des pupitres attendent les textes religieux, et des prie-Dieu les genoux des fidèles. Le dimanche, en fin de matinée, un office permet de suivre le rituel.

L'autel du fond, monumental, est orné de rosaces électrifiées du plus bel effet. Trois statues symbolisent la triade bouddhique : au centre, le Bouddha historique, représenté à sa gauche dans l'attitude de la méditation et à sa droite dans celle du témoignage. Plus bas, d'autres figures du Bouddha, y compris sous sa forme féminine, et en arrière-plan le Bouddha du futur, Maitreya, ventru et épanoui, tel qu'il apparaîtra dans cinq milliards d'années[1]. Sur les côtés se dressent dix-huit statues de personnages impressionnants, aux visages souriants ou grimaçants : ce sont des esprits protecteurs des fidèles.

Le calme de ce lieu de culte contraste avec l'animation de la **galerie Oslo** dans laquelle on entre en tournant à gauche à la sortie du temple. Le restaurant Phó Bida Saigon invite à déguster de la « Phó », « soupe » en vietnamien. C'est le plat le plus populaire qui se prend à toute heure. Dans ce restaurant et les suivants, l'impression d'être en Asie est forte : peu de clients européens, une carte simple, un environnement d'une certaine rusticité.

Les commerces ethniques

La galerie Oslo offre ensuite, à gauche, de nombreux commerces « ethniques », « qui s'adressent exclusivement à la communauté […], répondant aux besoins liés à la conservation de l'identité culturelle[2] ». Un magasin de machines à coudre professionnelles rappelle la présence des Asiatiques dans le secteur de

---

1. Le bouddhisme est un monde à lui seul, tant les dogmes, croyances et préceptes sont peu fixés. Le résumer est impossible mais on peut donner quelques idées-forces. La vie est douleur, car l'homme est animé d'amours, d'affections et de désirs. L'enseignement du Bouddha doit permettre d'atteindre la sérénité sur terre et le nirvāna après la mort, c'est-à-dire cet état libéré de la douleur d'où toute réincarnation est exclue. L'incinération participe de cette négation profonde d'un hypothétique au-delà. Voir André Bareau (dir.), *La Voix du Bouddha*, Paris, Philippe Lebeau - Les Éditions du Félin, 1996.

2. Michelle Guillon, Isabelle Taboada Leonetti, *op. cit.*, p. 73.

la confection. Chaque boutiquier affiche son origine, par les enseignes et leurs caractères. Les bijouteries, aux joyaux de mille feux, les magasins de cassettes audio ou vidéo, les boutiques de prêt-à-porter avec leurs robes chinoises et leurs tissus chamarrés, les agences de voyage, les boutiques de téléphonie et une librairie forment un véritable centre commercial. Ce foisonnement de commerces et d'activités doit beaucoup à la solidarité de ces peuples pourtant si divers.

«La culture collectiviste confucéenne, l'héritage ancestral de l'entraide en exil et l'exploitation des réseaux d'accueil familiaux, de parenté et villageois en pays d'accueil [...] jouent un rôle déterminant dans la territorialisation ethnique de l'espace économique», souligne Le Huu Khoa, avec la parole autorisée que lui donne sa proximité avec les Asiatiques de Paris[1].

La pratique de la tontine est un indicateur de cette solidarité. Elle permet de fournir des prêts aux entreprises qui seraient impossibles avec le réseau des banques traditionnelles qui excluent par définition les clandestins[2]. Les membres d'une tontine cotisent

---

1. Le Huu Khoa, *L'Immigration asiatique. Économie communautaire et stratégies professionnelles*, Paris, Centre des Hautes Études sur l'Afrique et l'Asie modernes, 1996, p. 19.

2. Cette pratique fut imaginée par un banquier napolitain, Lorenzo Tonti, au XVIIe siècle. Les cotisations d'un groupement d'une dizaine d'adhérents étaient capitalisées, puis partagées entre les survivants au terme de la durée convenue, et ce jusqu'au dernier décès. Voir Dominique Leca, article «Assurance», *Encyclopædia Universalis*, 1985, vol. 2, p. 944. Si le terme a été repris pour désigner la pratique asiatique, il est vraisemblable que celle-ci s'est développée indépendamment de l'idée de Tonti.

chaque mois et élisent ceux qui seront les premiers bénéficiaires des prêts accordés. Les rembourse-ments permettent ensuite de réalimenter la cagnotte. Dans la communauté chinoise « le contrat passé […] est établi sur parole, sans écriture[1] ». C'est la règle la plus fréquente, mais il arrive que le contrat soit écrit, et l'empreinte digitale sert alors de signature. L'imbrication est forte entre l'argent, la religion et la famille. Il n'y a aucune mauvaise conscience dans l'enrichissement : celui-ci n'est pas personnel mais familial et il répond aux éléments religieux qui n'ont jamais exclu les affaires de la vie. L'accumulation est vécue comme un élément de la richesse collective de la lignée familiale[2].

Cette importance de la dimension religieuse dans la pratique des affaires peut s'observer par la présence d'objets de culte dans les lieux les plus prosaïques, dont les restaurants et les commerces. À leur entrée, les lions de pierre sont chargés de repousser les intrusions indésirables. Les dragons, sculptés ou peints, jouent le même rôle. Mais il n'est pas de meilleure protection contre les esprits maléfiques que leur aspect répu-gnant et terrible : aussi les portes sont-elles ornées de petits miroirs chargés de terrifier les monstres en les mettant face à leur insoutenable réalité[3]. L'emploi de la couleur rouge renvoie à ses propriétés supposées

---

1. Jacqueline Costa-Lascoux, Live Yu-Sion, *op. cit.*, p. 98.
2. Anne Raulin, *L'Ethnique est quotidien. Diasporas, marchés et cultures métropolitaines*, Paris, L'Harmattan, coll. « Connaissance des Hommes », 2000, p. 87.
3. *Ibid.*, p. 81.

bénéfiques. Les autels à l'intérieur des magasins et des restaurants sont au nombre de deux, l'un à terre, consacré au dieu de la richesse, l'autre au-dessus, dédié à des divinités variées ou à certains bouddhas.

À l'extrémité de la galerie, après la **tour Tokyo**, au bout de la dalle, descendre la rampe qui permet de rejoindre l'**avenue d'Ivry** au niveau de la **rue Regnault**. Sur la gauche, elle atteint la **rue Nationale**. Au nº 23, signalé par un panneau couvert de raisons sociales de sociétés d'import-export chinoises, s'ouvre l'accès à l'**ancienne gare des Gobelins** (fermée le dimanche). Empruntée par des camions de livraison, elle permet de s'enfoncer, en passant de préférence par le côté gauche, dans les bas-fonds de Chinatown, véritable décor de film noir américain.

Autrefois les trains de marchandise venaient y décharger des pièces et des matières premières et y charger des automobiles Panhard. Les quais et les rails demeurent, mais les locomotives et les wagons ont disparu. Les piles de sacs de riz, les montagnes de fruits et de légumes exotiques et toutes les marchandises que l'on peut retrouver à l'étage au-dessus au détail sont proposées en gros dans une sorte de marché de Rungis souterrain et exotique, plus ou moins animé selon les heures de la journée par la noria incessante des camions des détaillants des commerces chinois et des restaurateurs qui viennent s'approvisionner ici. Les mardi et vendredi sont les deux jours offrant le plus de va-et-vient.

Les petites maisons ouvrières du 13e d'autrefois

En ressortant par le même chemin, on peut rejoindre en face le **passage National**, qui s'ouvre de l'autre côté de la rue du même nom. Les traces de l'avancée de la diaspora dans cette direction sont rares : un atelier de réparation d'automobiles à l'enseigne chinoise et, surtout, au n° 16, le temple de l'Église chrétienne missionnaire chinoise de France. Les offices, le dimanche matin et le samedi en fin d'après-midi, célébrés selon le culte protestant évangélique, se déroulent en chinois. Les jeunes gens en chasubles de soie blanche avec un col bleu chantent avec conviction des hymnes à la gloire du Seigneur, accompagnés par une jeune femme au piano et quelques guitaristes.

Au bout de ce passage, tourner à gauche et prendre la **rue du Château-des-Rentiers**, puis, encore à gauche, le **passage Bourgoin** qui ramènera sur la rue Nationale. Les vieilles maisons, modestes, croulant sous le lierre, furent autrefois habitées par les familles de travailleurs des usines proches. Ces maisonnettes, agrandies, rénovées, font aujourd'hui le bonheur des classes moyennes intellectuelles qui y trouvent, dans Paris, un cadre de vie champêtre et nostalgique. En prenant à droite la **rue Nationale**, le porche du n° 36 ouvre sur des jardins ouvriers oubliés avec leurs cabanons. La vigne donne quelques grappes, prétexte à une fête des vendanges début octobre.

En sortant de ce lieu nostalgique, à droite, **rue Marcel-Duchamp**, la ville de Paris a construit des ateliers d'artistes dans une petite opération de logements sociaux, autre signe d'une tendance à l'embourgeoisement relatif de ce coin perdu du Paris ouvrier.

L'église Saint-Hippolyte : des prêtres ouvriers au Secours catholique chinois

Pour rejoindre le cœur de Chinatown, prendre la **rue Nationale** sur la gauche en sortant de la rue Marcel-Duchamp, puis la **rue Regnault** à droite. On traverse l'avenue d'Ivry et, légèrement à gauche, un passage conduit au **centre commercial Masséna 13**. Sa traversée fait côtoyer un instant toutes les nations et toutes les origines. Chinatown ne mérite pas son surnom : le triangle de Choisy est loin d'être un ghetto asiatique. Une forte communauté antillaise vit aussi dans les tours, les Africains sont nombreux, de même que des familles de type européen.

À la sortie du centre commercial, un petit square débouche sur l'**avenue de Choisy** : en face, au nº 27, se dresse le clocher de l'**église Saint-Hippolyte**. Elle fut construite en 1924 par la famille Panhard sur des terrains qui lui appartenaient. Elle est aujourd'hui, sous certains angles de vue, insolite dans un univers de tours qui dépassent les trente étages et qui rendent son clocher bien mesquin. La paroisse y est depuis longtemps tournée vers l'action sociale. Les locaux qui jouxtent l'édifice religieux abritent de nombreuses associations, dont celles dédiées à la

communauté chinoise. Le bulletin de la paroisse propose une rubrique « Solidarités » qui signale des familles ayant besoin d'aide et soutient les démarches des sans-papiers à travers le réseau « Chrétiens immigrés ». L'église Saint-Hippolyte est jumelée depuis 1994 avec la paroisse de Can-tho au Viêt-nam[1]. L'engagement de cette paroisse aux côtés des plus démunis est ancien puisque la Mission de France, née du constat de la déchristianisation de la classe ouvrière, a dirigé Saint-Hippolyte de 1945 à 1970. Elle fut l'un des hauts lieux de l'expérience des prêtres ouvriers.

En sortant de l'église, à gauche, le **passage Saint-Hippolyte** mène à l'**église Notre-Dame de Chine**, où l'on peut suivre une messe en chinois le dimanche à 11 h 30. Elle a été inaugurée en 2005, confirmant l'imbrication des cultures et des croyances sur le sol parisien. L'église Notre-Dame de Chine est modeste par ses dimensions mais son architecture est moderne et ambitieuse.

Au n° 29 de l'avenue, le **Centre catholique chinois** propose, dans une brochure bilingue, de nombreuses activités, dont une messe en chinois tous les premiers dimanches de chaque mois à 12 heures, des cours de français, une bibliothèque, une cho-rale. L'association

---

1. Il n'y a pas de cimetières près des églises parisiennes. Comme les autres fidèles, les Chinois de Paris sont aujourd'hui enterrés en banlieue et particulièrement dans le cimetière parisien de Thiais où les divisions 36 et 44 leur ont été réservées. Quelques tombes chrétiennes y côtoient les nombreuses sépultures bouddhistes, ornées d'idéogrammes dorés. Les bâtonnets d'encens et autres offrandes y manifestent la force du culte des ancêtres dans la tradition asiatique.

publie trois fois par an un journal, *Au service du monde*. Dans le cadre du projet pluriculturel de la paroisse, une peinture murale a été réalisée sur un mur pignon. Visible de l'avenue, elle est surmontée par la phrase : «De tous pays viendront tes enfants», ce qui résume toute l'alchimie de ce quartier.

En remontant l'avenue de Choisy vers la place d'Italie et le centre de Paris, on atteint, à droite, la **rue Baudricourt**, à l'angle d'une opération de rénovation baptisée du même nom. Celle-ci a tenu compte de certaines critiques soulevées par les opérations antérieures et les niveaux de construction prévus ont été abaissés : une tour a été ramenée de dix-huit à dix étages et les autres immeubles ont été limités à cinq, six ou huit niveaux[1]. La présence asiatique se

1. *Paris Projet*, n° 21-22, p. 50-54.

manifeste par quelques commerces installés au long de
la **rue des Frères-d'Astier-de-la-Vigerie** qui permet
de rejoindre l'avenue d'Ivry. Seule la Poste échappe à
cette emprise. Elle fut tout de même, en 1998, le lieu
choisi pour le premier jour du timbre consacré à la
Cité interdite de Pékin.

Le supermarché des frères Tang :
exotisme du quotidien

En prenant à droite l'**avenue d'Ivry**, le **supermarché Tang Frères** s'ouvre au n° 48.

Les acheteurs sont des Asiatiques. Il est vrai que
les aliments proposés sont, pour les Européens, du
«chinois» gastronomique : impossible d'identifier les

légumes ou les fruits, les poissons ou les crustacés, ni même les produits emballés. Certains portent des inscriptions en anglais ou en français, mais cela est d'une aide toute relative, compte tenu de leur étrangeté et du caractère ésotérique, même en caractères latins, des noms imprimés. Impossible de trouver du café ou d'autres articles d'usage courant en France. On vient en famille, ou en tant que professionnel. Le riz est présenté en sacs de dix kilos. Les bières sont vietnamiennes, coréennes, thaïlandaises, japonaises, ou chinoises comme la célèbre Tsing-Tao que les amateurs de restaurants chinois connaissent bien. « Elle vient de la ville du même nom qui se trouvait autrefois sous le contrôle des Allemands avant 1949. Ce sont les Allemands qui ont appris aux habitants de Quingdao à fabriquer de la bière et les brasseries de la région restent les plus célèbres de la Chine. D'autant que Quingdao est réputée pour ses excellentes sources d'eau[1]. »

Chinatown, comme les Parisiens appellent ce quartier du 13e arrondissement, est donc un pôle commercial et un lieu d'attraction pour tous les Asiatiques de la région qui, le week-end, y font le plein de produits alimentaires indispensables à la cuisine chinoise, et profitent du déplacement pour retrouver un peu de l'ambiance de leur pays d'origine. L'observation des plaques d'immatriculation des voitures, qui s'engouffrent dans le parking souterrain du supermarché des frères Tang montre que les provinciaux sont nombreux à venir s'y

---

1. Marie Holzman, René Gindicelli, *L'Asie à Paris*, Paris, Éditions Rochevignes, 1983.

approvisionner, et que les clients résidant en Belgique ou en Allemagne ne sont pas rares.

On a pu voir dans ce quartier «un espace marchand dont les fonctions économiques sociales et culturelles sont nécessaires à la survie de la communauté asiatique, en tant que telle, sur le sol français [1]». Ce quartier chinois joue un rôle important dans le maintien des solidarités et des identités.

On peut prendre le chemin du retour par le métro porte d'Ivry, ou aller jusqu'à la rue Godefroy qui donne sur la place d'Italie un peu avant la mairie du 13e. Au numéro 17, une plaque oubliée rappelle qu'un

---

1. Anne Raulin, *op. cit.*, p. 52.

certain Chou En-lai «habita cet immeuble lors de son séjour en France de 1922 à 1924». La plaque ne dit pas que l'immeuble vit aussi la naissance de la section française du Parti communiste chinois.

Revenir pour le Nouvel An chinois

Depuis 1984, le Nouvel An chinois donne lieu à des manifestations publiques dans le 13e arrondissement, à l'exception de 2004, année où le défilé s'est déployé sur les Champs-Élysées en l'honneur de l'année de la Chine. La date, liée au calendrier lunaire, fluctue entre janvier et février. Plusieurs semaines à l'avance, les temples et les associations préparent les grosses têtes de lions et de tigres, que vont coiffer des jeunes gens, les lanternes et les multiples lampions, les tambourins et les cymbales, les costumes chamarrés traditionnels et les longs serpentins des dragons qui vont courir et se faufiler habilement dans la foule. En dansant, lions et dragons parcourent les rues et s'arrêtent devant les commerces et les restaurants où il est de bon ton de leur offrir quelque argent en échange de leurs bons vœux.

Ces manifestations hautes en couleur marquent la présence asiatique dans le quartier avec l'aval des autorités locales. Chacun y trouve son compte. La célébration du Nouvel An lunaire «permet [à la communauté asiatique] de poursuivre sa vie culturelle propre, tout en participant du folklore urbain dont on sait que les autres ont besoin. Ainsi peut se comprendre cette nécessaire mise en scène de l'altérité culturelle qui caractérise les chinatowns du monde entier[1]».

Durant les fêtes européennes de fin d'année, guirlandes électriques et vœux de bonnes fêtes, en français et en chinois, sont mis en place devant le supermarché des frères Tang, en travers de l'avenue. La communauté est payée de retour : au Nouvel An chinois, l'église Saint-Hippolyte ouvre ses portes à la communauté asiatique catholique pour un office avant d'y manifester dans la joie la célébration de l'an nouveau.

Pour la fête de la Lune, à la mi-automne, les pâtisseries proposent des gâteaux particuliers, avec un jaune d'œuf dur, salé, au cœur d'une pâte très sucrée. Ce jour-là, on peut manger à toute heure dans les temples. Les étrangers sont invités dans ces fêtes qui

---

1. *Ibid.*, p. 93.

participent à la consolidation de l'identité chinoise et à l'intégration de familles culturellement éloignées de la société d'accueil.

Un faux ghetto

La Petite Asie de Paris n'est pas un ghetto. À certaines heures, le poids quasi exclusif de la population asiatique peut faire illusion : on pourrait penser qu'une telle homogénéité des commerces, des clients et des tenanciers ne saurait être que le produit d'une relégation subie. Ce quartier offre tous les services nécessaires à la vie quotidienne. Les commerces alimentaires, de vêtements, les cafés et les restaurants, mais aussi les coiffeurs, les banques et les assurances. Les enseignes rappellent sans erreur possible que l'on est bien encore dans Chinatown, puisque la banque a comme raison sociale « Asia Finance Compagnie ». De même, l'agence de voyage s'appelle « Chinesco, connaissance de l'Asie », ou l'agence immobilière, « Asia Immobilier ». À ces mentions en français s'ajoutent les caractères chinois, certaines boutiques n'utilisant même que ceux-ci.

Cette communauté dispose de journaux financés par Taipei (*Europe Journal*) et par Pékin (*Les Nouvelles d'Europe*). Elle a ses médecins. Elle sait se suffire à elle-même, y compris dans des domaines où les autres immigrations doivent s'en remettre à la bonne volonté des autorités françaises. Certains Chinois invoquent Confucius pour expliquer cette efficacité.

Son enseignement insiste sur l'éducation et la nécessité de se donner des règles à soi-même de manière à être un exemple. Un Chinois bien éduqué est fier de sa culture mais il se doit d'être reconnaissant à l'égard du pays d'accueil et de s'y intégrer selon ses règles et ses codes.

Le quartier est largement ouvert sur l'extérieur, il accueille un nombre important de visiteurs journaliers, de toutes nationalités et de toutes origines. On passe insensiblement de la ville européenne à la ville chinoise sans qu'il y ait d'obstacle à ce déplacement, les échanges s'effectuant d'ailleurs dans les deux sens.

Le quartier chinois est immergé dans un environnement parisien ordinaire du point de vue de la proportion d'étrangers. Le recensement de 1999 indique 12 % d'étrangers dans le 13e arrondissement, alors que le taux pour Paris est de 14,5 %. La visibilité de la présence chinoise dans le triangle de Choisy est due à son rôle de pôle d'attraction, plus qu'au poids statistique de la population résidente : le taux d'étrangers ne prend pas en compte les naturalisés, ni les nombreux Asiatiques qui travaillent dans le quartier sans y résider.

Les conditions dans lesquelles sont arrivés en France nombre de ces Asiatiques, aujourd'hui installés, ont incité à les accueillir avec une certaine générosité. C'est ce que laisse entendre, en tout cas, un entretien avec une ouvrière âgée, qui a connu l'évolution du quartier depuis 1920. Recueilli par Jacqueline Costa-Lascoux et Live Yu-Sion, cet entretien souligne les conditions dramatiques de l'exil. « On a vu les reportages à la télévision, ce qui leur était arrivé dans les camps en Thaïlande, sur la mer de Chine, avec des bateaux comme des coquilles de noix, qui étaient attaqués par des pirates[1]. » Mais cette ouvrière, comme une autre rencontrée sur la dalle des Olympiades, souligne aussi, avec beaucoup d'insistance, la discrétion et la retenue d'une population qui a cultivé la recherche de l'autonomie tout en s'efforçant de s'inscrire dans l'économie du pays d'accueil. Cette « mélodie en sous-sol », comme dit cette interlocutrice, n'a sans doute pas été pour rien dans cette intégration en douceur.

BIBLIOGRAPHIE

Bareau André, *La Voix du Bouddha*, Paris, Philippe Lebeau - Les Éditions du Félin, 1996.

Coing Henri, *Rénovation urbaine et changement social*, Paris, Les Éditions ouvrières, coll. « L'Évolution de la vie sociale », 1966.

Condominas Georges, Pottier Richard, *Les Réfugiés originaires de l'Asie du Sud-Est*, Paris, La Documentation française, collection des Rapports officiels, 1982.

Costa-Lascoux Jacqueline, Live Yu-Sion, *Paris-XIII*ᵉ, *lumières d'Asie*, Paris, Autrement, coll. « Français d'ailleurs, peuples d'ici », 1995.

Debré F., *Les Chinois de la diaspora*, Paris, Olivier Orban, 1976.

Demouzon Alain, *Le Gendarme des barrières*, Paris, Éditions Patrice de Moncan, coll. « Villes écrites », 1993.

---

1. Jacqueline Costa-Lascoux, Yu-Sion Live, *op. cit.*, p. 64.

Granet Marcel, *La Religion des Chinois*, Paris, Payot, coll. «Petite Bibliothèque Payot», 1980.

Guillon Michelle, Taboada Leonetti Isabelle, *Le Triangle de Choisy. Un quartier chinois à Paris*, Paris, CIEMI-L'Harmattan, coll. «Migrations et changements», 1986.

Holzman Marie, Gindicelli René, *L'Asie à Paris*, Paris, Éditions Rochevignes, 1983.

Langlois Gilles-Antoine, *Le XIIIᵉ arrondissement : une ville dans Paris*, Paris, Action artistique de la Ville de Paris, 1993.

Le Huu Khoa, *L'Immigration asiatique. Économie communautaire et stratégies professionnelles*, Paris, Centre des Hautes Études sur l'Afrique et l'Asie modernes, 1996.

Live Yu-Sion, article «France» dans Lynn Pan, *The Encyclopedia of Chinese Overseas*, Londres, Curzon, 1999.

Paris Projet, nᵒ 21-22, 1982, «Politique nouvelle de la rénovation urbaine», Apur (Atelier parisien d'urbanisme).

Raulin Anne, *L'Ethnique est quotidien. Diasporas, marchés et cultures métropolitaines*, Paris, L'Harmattan, coll. «Connaissance des Hommes», 2000.

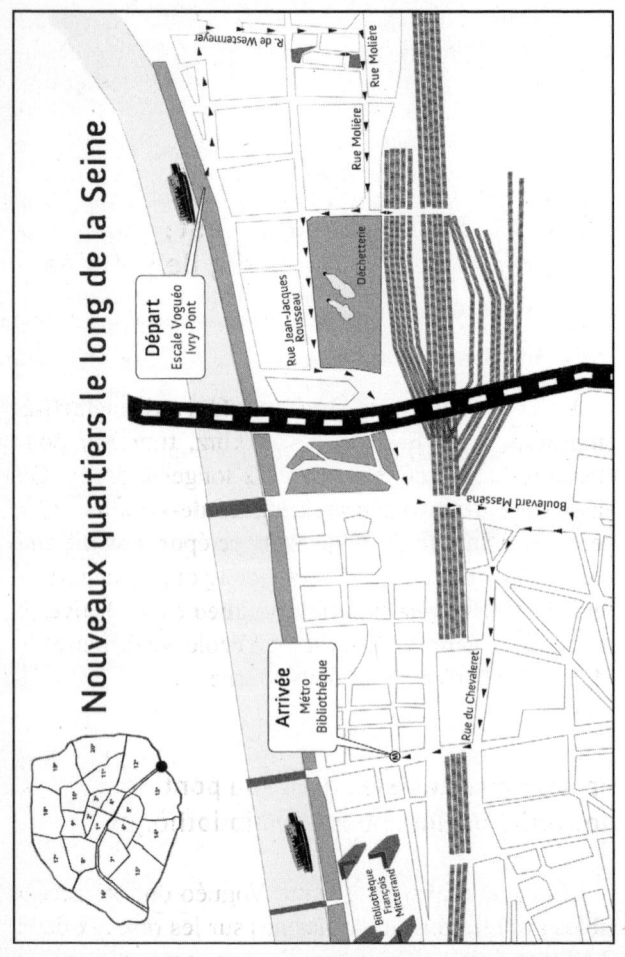

Nouveaux quartiers le long de la Seine

CHAPITRE X

Paris s'éveille à l'est :
nouveaux quartiers le long de la Seine

À la **station de métro Gare-d'Austerlitz**, emprunter la sortie quai d'Austerlitz, traverser pour atteindre la rive de la Seine et la longer à droite. On passe sous le nouveau **pont Charles-de-Gaulle**, le 36e de Paris, inauguré en 1996. Sa ligne épurée s'allie aux tours de bureaux près de la gare de Lyon. Le départ du service de la **navette fluviale Voguéo** est à ce niveau. Il reliait la gare d'Austerlitz à l'école vétérinaire de Maisons-Alfort, au bord de la Marne.

Promenade fluviale : nouveau pont, nouvelle piscine, nouvelle bibliothèque

Les catamarans de la flotte Voguéo ont été accessibles avec les forfaits utilisables sur les réseaux de la RATP et de la SNCF (Carte Orange, passe Navigo…) jusqu'en juin 2011. Le service était assuré de 7 h (10 h les week-ends et les jours fériés) à 20 h environ (il devrait reprendre en 2013). Il est possible d'en suivre le parcours par les quais.

La volonté politique de «rééquilibrage» de l'Est parisien défavorisé par rapport à un Ouest qui cumule les activités tertiaires et des habitants aisés est d'emblée visible avec les anciens Magasins généraux transformés en un Institut français de la mode. La structure métallique en forme de vague, enveloppée d'une peau de verre, a pris le nom de «Docks en Seine».

Peu après le **pont Charles-de-Gaulle**, **la tour de l'Horloge** de la gare de Lyon apparaît sur la gauche, entre les tours de bureaux, d'une rigidité monotone.

Avec ses décorations sculptées et ses cadrans dorés, elle a des allures de campanile, délicieusement anachronique. Cette partie amont du cours de la Seine dans Paris a connu le même destin sur les deux rives avec la mise en valeur d'espaces tombés en déshérence : des installations de la SNCF, des entrepôts, des usines et, dans les interstices, un habitat ouvrier rudimentaire.

Avant de passer sous le double **pont de Bercy**, avec un «rez-de-chaussée» pour les véhicules ordinaires et les piétons et un «premier étage» où circulent les rames aériennes de la ligne 6 du métropolitain, se déploie un énorme paquebot de verre et de béton, le ministère de l'Économie et des Finances. Construit en 1989, il abrite 7 000 employés et cadres et le ou la ministre y dispose d'un appartement en surplomb, au-dessus de la Seine, dans la partie haute et éclairée de grandes baies vitrées de l'avancée du bâtiment qui plonge dans le fleuve.

Au pied patientent les vedettes fluviales qui assurent la liaison du ministre et des hauts fonctionnaires avec le cœur du pouvoir dans les 7ᵉ et 8ᵉ arrondissements. François Mitterrand avait déclaré, dès le début de son premier septennat, en 1981, qu'il fallait « rendre le Louvre à l'histoire de France ». Les fonctionnaires des Finances occupaient en effet l'aile du Palais longé par la rue de Rivoli, où se trouvent les somptueux appartements de Napoléon III, qui étaient attribués au ministre en exercice. Après avoir joui pendant plus d'un siècle de conditions aussi fastueuses, les agents du ministère renâclèrent à aller s'exiler dans ce qui était encore une terre de mission, au milieu de la boue d'innombrables chantiers.

Ce bâtiment exceptionnel, qui assume avec élégance le voisinage du fleuve, a été conçu par les architectes Paul Chemetov et Borja Huidabro. Ce déménagement pharaonique fut l'une des manifestations symboliques et concrètes de la volonté de changer en profondeur l'urbanisme et la sociologie de l'Est parisien. Le rééquilibrage, la reconquête, la revalorisation de ces espaces plus ou moins en déshérence, avec leur accompagnement de *gentrification*, de renforcement de la ségrégation, de recul de la mixité sociale sont à l'œuvre. Une rapide incursion en banlieue proche, à Ivry, montrera que ces processus y connaissent un certain prolongement.

Après le pont de Bercy toujours sur la rive droite, le Palais Omnisports arbore ses pentes engazonnées. Lieu sportif, cet équipement ajoute une note festive et culturelle en accueillant aussi des spectacles et des concerts.

La **piscine Joséphine-Baker** que longe ensuite le catamaran, cette fois du côté rive gauche, a été réalisée pour remplacer la piscine Deligny qui était, elle aussi, une piscine flottante, mais amarrée quai Anatole-France, entre l'Assemblée nationale et le musée d'Orsay, donc au cœur des beaux quartiers. Ayant coulé accidentellement, elle a été remplacée par cette piscine Joséphine-Baker, exilée dans cet Est encore incertain.

Largement vitrée, elle permet de nager au niveau du fleuve et des péniches. En nocturne, elle procure aux nageurs le plaisir de s'ébattre au milieu des lumières de la ville. Le décor comprend la belle passerelle Simone-de-Beauvoir, réservée aux piétons, conçue par l'architecte autrichien Dietmar Feichtinger et inaugurée en 2006. Elle assure la liaison entre le parc de Bercy, établi à l'emplacement des chais et des entrepôts vinicoles qui ont été rasés, et la Bibliothèque nationale de France François-Mitterrand, qui s'élève à l'emplacement de la gare aux marchandises de Tolbiac et d'anciennes installations de la Sernam (Service national des messageries).

La Bibliothèque François-Mitterrand : coup de force monumental du livre

À la première escale, celle de la **Bibliothèque**, le catamaran s'amarre port de la Gare. Tous les bords de Seine sont désignés par le nom d'une artère proche. Les centaines de péniches sédentaires ont en effet besoin d'une adresse postale. Mais ces noms de port étaient déjà utilisés par une multitude de petits bateaux qui faisaient du cabotage. La gare, ici, n'est pas celle d'Austerlitz, mais la gare d'eau, le port fluvial déjà actif au XVIIIᵉ siècle et auquel le quartier doit son nom.

Le port de la Gare accueille des embarcations qui hébergent des bars, des restaurants et quelques boîtes de nuit. Le plus célèbre établissement, le **Batofar**, dancing et salle de concert, doit son succès à son originalité : bateau phare anglais, il a conservé les superstructures qui le distinguent au premier regard de tout autre navire. Ces bateaux attirent une clientèle nombreuse, souvent jeune, qui anime une vie nocturne toute nouvelle en ces lieux autrefois déserts la nuit.

Le projet de la nouvelle Bibliothèque a été lancé par François Mitterrand le 14 juillet 1988. Elle a été réalisée par l'architecte Dominique Perrault. Quatre tours en forme de livres ouverts sont destinées au stockage des ouvrages. Elles sont visibles de très loin et manifestent la présence de la culture savante dans ce nouvel Est parisien. Les salles de lecture sont disposées autour d'un vaste jardin, planté d'arbres. Pour y accéder, il faut gravir des escaliers dignes d'un temple aztèque. Si une partie est réservée aux chercheurs, une autre est ouverte à tous les publics à condition de s'acquitter d'un forfait journalier, ou de prendre un abonnement. De nombreux ouvrages sont en libre service.

L'implantation de cette bibliothèque, comme celle du ministère des Finances, sur des friches ferroviaires dans un quartier encore en pleine mutation était une gageure. Les débuts furent d'ailleurs difficiles, et pas seulement en raison de problèmes techniques. Comme les fonctionnaires des Finances, les lecteurs habitués à la rue de Richelieu, dans le 2e arrondissement, se sentirent exilés, tout autant que les bibliothécaires. Il a fallu une belle détermination pour prendre cette décision, qu'on ne peut ramener à la seule opportunité foncière. Petit à petit, l'image des rives de la Seine est complètement inversée : un quartier pauvre, en déshérence devient un espace de modernité et de culture. La ZAC

Paris rive gauche, créée en 1991, est structurée autour de la Bibliothèque. Pour mieux s'inscrire, peut-être, dans la politique de rééquilibrage à l'est, et de continuité avec la banlieue, cette opération d'urbanisme s'appelle désormais «Seine rive gauche».

C'est ainsi que, emboîtant le pas de la Bibliothèque, Marin Karmitz, producteur, distributeur et exploitant, a ouvert un complexe de quatorze salles de cinéma aux nos 128-162 de la nouvelle **avenue de France**, au bas des tours de Dominique Perrault. Ce MK2-Bibliothèque vient compléter l'animation de ce nouvel espace avec une programmation ambitieuse, des films en version originale et une librairie spécialisée dans le 7e art. Il a son correspondant de l'autre côté de la Seine, presque en face, avec les salles UGC-Ciné-Cités, et la Cinémathèque française qui occupe le remarquable immeuble de Frank O. Gehry, qui accueillit un temps l'American Center.

La **passerelle Simone-de-Beauvoir**, juste en face de la bibliothèque, composée de deux tabliers incurvés en sens inverse, qui franchissent la Seine d'un seul mouvement, sans pile intermédiaire pour les soutenir, et qui se croisent en deux points où l'on peut passer de l'une à l'autre, est d'une rare élégance.

Elle débouche côté rive droite sur les 14 hectares du parc de Bercy, aménagé à l'emplacement des chais de l'ancien entrepôt des vins de Bercy. Il en reste quelques-uns, cour Saint-Émilion, où des commerces très adaptés à une population de cadres et les salles de cinéma constituent un pôle d'animation.

Des rives comme autrefois, consacrées aux matériaux de construction

On reprend le parcours de l'**escale Bibliothèque-François-Mitterrand**, jusqu'à l'**escale suivante, Ivry-Pont-Mandela**.

À partir du pont du Boulevard périphérique, on entre dans un autre monde, la banlieue populaire, vouée au travail dur des chantiers et des usines, comme le furent les quartiers de la Gare et de Bercy, avant qu'ils ne se transforment sous l'impulsion des pouvoirs publics. Ici les quais continuent à accueillir des matériaux de construction. Les tas de sable et de gravier, les mélangeurs fabriquant du ciment pour les camions qui, en norias incessantes, viennent se ravitailler pour alimenter les chantiers de construction, forment un décor impressionnant. Les bateaux amarrés sont ici des péniches qui transportent ces matériaux pondéreux ; les résidences sur l'eau, les bars et les restaurants flottants ont disparu.

Derrière l'amoncellement des matériaux de construction se dressent un centre commercial et des immeubles de bureaux qui semblent s'être égarés. La pression immobilière est forte, mais pas assez encore pour déplacer des activités qui doivent leur rentabilité à la présence du fleuve, vecteur de transport qui leur est irremplaçable.

De l'usine aux lofts : Ivry-Port

Pourtant cette banlieue aussi bouge. À la sortie de l'escale Ivry-Pont-Mandela, prendre le **boulevard Paul-Vaillant-Couturier** à gauche puis la **rue Westemeyer**, à droite, à suivre jusqu'à la **rue Molière** à prendre sur la droite. Cette promenade n'est pas recommandée le dimanche, journée beaucoup trop calme dans ces espaces bouillonnant d'activités en semaine. On est au cœur du quartier d'usines, d'entrepôts et de logements ouvriers d'Ivry-Port.

Entre les quais de Seine et les voies qui arrivent de la gare d'Austerlitz ont fleuri les étranges « **Usines Bertheau** », du nom de leur promoteur, Pierre Bertheau.

Ainsi la graineterie Valtier et les usines Schneider et Yoplait ont été transformées en lofts, réservés à des familles d'artistes, d'intellectuels ou de créateurs par une procédure de quasi-cooptation dans l'attribution des logements.

La vie communautaire est importante, les parties collectives sont à la charge de chacun. Les matériaux utilisés étant à peu près les mêmes d'une réalisation à l'autre, le promeneur reconnaîtra aisément ce que la presse a appelé les «usines à bobos» : des structures en aluminium pour les clôtures, des planchers pour les circulations, des bambous, de la menthe et des saules pleureurs pour les jardins.

La rénovation a été conduite en respectant le gros œuvre et l'aspect extérieur des bâtiments industriels existants. On retrouve les aménagements caractéristiques des quartiers «branchés» de Paris, avec la mise en scène quelque peu écomuséologique du passé ouvrier. Les plaques émaillées portant encore les points de repère de l'activité industrielle, «G lot 20», «F lot 16», ont été conservées pour identifier les nouveaux appartements.

De la rue Molière, prendre tout de suite à droite la **rue Élisabeth** avec, au n° 29, une première usine Bertheau. Reprendre la **rue Molière** où l'on passe devant une deuxième aux n°s 98-100. Au n° 103, les anciennes usines Yoplait ont trouvé une nouvelle jeunesse en accueillant des artistes et leurs familles. Le bâtiment du n° 107 rue Molière, dont Pierre Bertheau est aussi le promoteur, est en revanche récent, mais il a été construit de manière à rappeler le style loft, en utilisant une couleur brique pour le crépi, les appartements étant éclairés par de larges baies vitrées qui évoquent celles des ateliers d'autrefois. Il s'agit de duplex destinés à des professionnels de l'art et de la culture.

La convivialité est encouragée par la présence au sein même de cette construction d'un **restaurant** qui permet à tous les résidents, quelque peu isolés dans cette commune ouvrière de vieille tradition communiste, de se retrouver entre eux. Une annonce affichée à l'entrée du n° 107 donne une idée du type d'habitat et du type d'habitants, en décalage avec le milieu ambiant : « Particulier loue loft meublé, 210 m², terrasse, 7 mètres de hauteur sous plafond, double parking, clair, vue dégagée : 3 500 euros, charges comprises. Usage mixte. » Même si ce local peut être à la fois un domicile et un lieu de travail, le niveau de loyer demandé a un effet sélectif certain.

Pierre Bertheau n'ignorant pas les projets de développement de Paris à l'est a pensé que le choix de ce quartier d'Ivry-Port, dans le prolongement de l'opération ZAC Paris rive gauche et des aménagements autour de la Bibliothèque nationale de France François-Mitterrand, «n'était pas un mauvais pari». Ce promoteur insolite place la culture au premier plan de ses réalisations immobilières. «Car ce que je réalise, ce sont des ateliers-logements, des lieux de production culturelle, avec des graphistes, des peintres... Des lieux où l'on échange les carnets d'adresse, avec toute une synergie qui se crée entre les différents métiers», précise-t-il au cours d'un entretien en 2006. «La cooptation se fait sur la base d'un projet de production intellectuelle.»

À Ivry, les usines Bertheau s'inscrivent donc dans le prolongement des mutations de l'Est parisien. Elles sont les prémices des changements qui, selon toute logique, devraient affecter cette zone de plus en plus délaissée par les activités d'autrefois. Mais il s'agit aussi d'un test, en grandeur nature, de la possibilité de construire une continuité nouvelle entre Paris et sa banlieue. Les activités portuaires, artisanales et industrielles, avec les gares de voyageurs et de marchandises qui leur sont liées, ont donné une certaine homogénéité entre les quartiers de ce coin de Paris et celui d'Ivry-Port. Homogénéité battue en brèche par le départ des usines et l'arrêt du trafic fluvial, pour l'instant plus avancé du côté parisien. Le prolongement de l'avenue de France, épine dorsale de cette opération d'urbanisme, du pont Charles-de-Gaulle au boulevard Masséna, pourrait assurer une certaine fluidité urbaine et donc sociale entre Paris et sa banlieue. Les usines Bertheau vont dans ce sens, mais au prix d'une gentrification partielle de l'espace.

Toutefois les problèmes d'urbanisme à résoudre restent considérables. Pour s'en convaincre, il suffit d'emprunter l'escalier qui, au **fond de la rue Molière**, conduit au **pont** franchissant les voies ferrées de la gare d'Austerlitz.

Au milieu de ce pont, on jouit d'une vue imprenable sur un paysage urbain apocalyptique. Le réseau des lignes empruntées par les trains de la SNCF et par les rames du RER s'engouffre sous le périphérique qui charrie un flot incessant de voitures et de camions. Les deux immenses cheminées de la **déchetterie d'Ivry**, gérée par le SYCTOM, Syndicat mixte central de traitement des ordures ménagères de l'agglomération parisienne, semblent ne jamais devoir s'arrêter de rejeter les imposantes volutes de vapeur dégagées par la combustion des déchets parisiens qu'elle traite.

Car il s'agit bien d'une déchetterie parisienne, bien que construite sur le territoire d'Ivry. Ces usines ne sauraient être implantées au cœur de la capitale et, jusque dans le traitement des déchets, l'espace urbain conserve ses hiérarchies. Situées à Issy, Ivry, Romainville, Sevran, Saint-Denis, Saint-Ouen et Nanterre, elles évitent Levallois, Neuilly ou Boulogne. Mais ce temple des temps modernes, majestueux et mystérieux, qui évoque une pyramide inversée, brille d'une propreté provocante ne laissant échapper des monceaux d'immondices engloutis qu'une rassurante vapeur virginale. Sur Paris, on aperçoit les tours de la BNF, celles du quartier Italie et les Olympiades du quartier chinois.

On fait demi-tour sur le pont pour descendre par la **rue Victor-Hugo** jusqu'à la **rue Jean-Jacques-Rousseau** que l'on prend sur la gauche. On longe alors l'arrière de la **raffinerie à ordures ménagères**. La tuyauterie d'une infernale complexité et l'usage de teintes vives obligent à penser au Centre Georges-Pompidou. Au bout de la rue, après avoir traversé un centre commercial, avec à gauche un magasin Leroy-Merlin aux dimensions imposantes et à droite un complexe cinématographique multisalles, il faut être très attentif pour apercevoir un modeste panneau signalant que l'on va entrer dans l'une des plus grandes et des plus belles villes du monde.

À gauche, la **rue Bruneseau** décrit un grand arc de cercle pour aller passer sous le périphérique. On est alors au niveau du terrain, qui, à droite, entre les voies de chemin de fer, le boulevard Masséna, la Seine et le périphérique, a été choisi par la municipalité de Paris pour édifier le nouveau palais de justice qui devrait héberger le tribunal de grande instance. La promesse de construire un nouveau palais de justice, pour désengorger celui de l'île de la Cité, avait été faite aux magistrats par Jacques Chirac en 2003. Une autre bonne occasion encore pour revitaliser l'est de Paris. Mais le terrain retenu a soulevé un tollé du côté des magistrats et des avocats qui jugent cette localisation proche du périphérique indigne de leurs fonctions. La revalorisation de zones urbaines dévitalisées peut aussi apparaître pour les intéressés appelés à venir s'y installer comme une dévalorisation de leur institution et de leur statut. L'adresse reste un indicateur puissant de la position sociale. La symbolique de l'adresse se joue à peu de chose : les magistrats ne refuseraient sans doute pas un emplacement dans le secteur dit de Tolbiac, près de la Bibliothèque.

Prendre à gauche le **boulevard Masséna**. Au passage, légèrement en contrebas du boulevard, l'ancienne gare Masséna, qui fut construite pour desservir le chemin de fer de ceinture et a servi un temps de gare sur la ligne C du RER, est abandonnée. Un petit escalier à droite conduit **rue du Loiret** qui se prolonge par la **rue du Chevaleret**. On passe devant le théâtre du Lierre, l'un des premiers soubresauts en 1980 des changements à venir dans ce Paris des confins. On peut repartir par la **station Bibliothèque-François-Mitterrand** de la ligne 14, dite aussi Météor.

BIBLIOGRAPHIE

DUPAVILLON Christian, *Paris, côté Seine*, Paris, Seuil, 2000.

KOUDELKA Joseph, FOUQUEZ Aymeric, *En chantier. Une université et un quartier, Paris 13ᵉ Masséna*, Textuel, 2002

LANGLOIS Gilles-Antoine, *De la Salpêtrière à la BNF. Histoire d'un quartier de Paris*, Paris, Somogy, 2000.

MALET Léo, *Brouillard au pont de Tolbiac*, Paris, Fleuve noir, 1999 [illustré par Tardi : Paris, Castermann, 1996].

Paris Projet, n° 29, 1990, « L'aménagement du secteur Seine Rive Gauche ».

Revue Urbanisme, « Naissance d'un quartier de ville, Paris rive gauche », n° 17, hors série, juillet-août 2002.

CHAPITRE XI

Villages dans la ville :
les villas de Paris

Les villas de Paris forment autant d'îlots au sein de la grande cité. Leur unité et leur spécificité s'imposent au promeneur qui devine, lorsqu'il les aborde, accoster à une réalité urbaine originale dans le tissu parisien. Mais, pour peu que ses pérégrinations l'entraînent d'est en ouest ou du nord au sud, c'est aussi le poids de la sociologie de Paris qui lui apparaîtra avec toute sa force. La villa Montmorency s'oppose à la villa Émile-Loubet comme les arrondissements, le 16e et le 19e, où elles sont implantées. Passer de l'une à l'autre, ce serait comme quitter un grand banquier pour aller à la rencontre d'un universitaire sans fortune, achever une discussion avec un inspecteur des Finances pour engager la conversation avec un jeune journaliste.

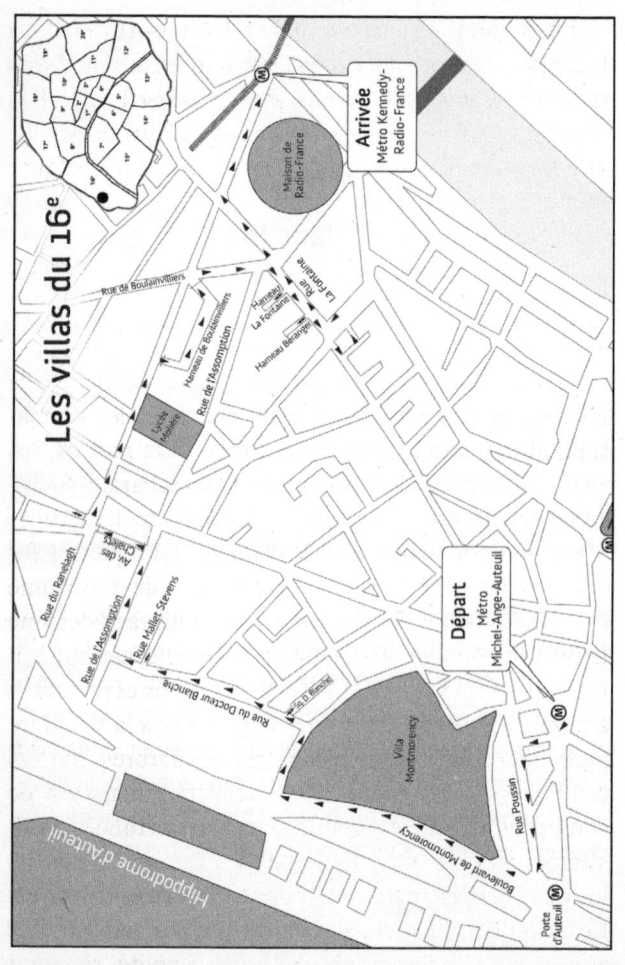

Les villas du 16e

Arrivée
Métro Kennedy-
Radio-France

Départ
Métro
Michel-Ange-Auteuil

Maison de
Radio-France

Rue de Boulainvilliers

Hameau de Boulainvilliers

Rue de l'Assomption

Hameau
La Fontaine

Rue La Fontaine

Hameau Béranger

Lycée
Molière

Av. des
Chalets

Rue du Ranelagh

Rue de l'Assomption

Rue Ballard Stevens

Rue du Docteur Blanche

Rue D. Émile

Villa
Montmorency

Rue Poussin

Boulevard de Montmorency

Hippodrome d'Auteuil

Porte
d'Auteuil

Les villas du 16e arrondissement

La station de **métro Michel-Ange-Auteuil** est toute proche de ce ghetto du Gotha qu'est la villa Mont morency. Prendre la **sortie rue d'Auteuil**, que l'on traverse pour arriver à la **rue Girodet** qui débouche **rue Poussin**. L'entrée de la villa se trouve à quelques mètres sur la droite, au n° 12.

La villa Montmorency :
le nec plus ultra résidentiel

Dès la conception de ce lieu emblématique de la haute société française et internationale, les fondations d'un espace hors du commun sont posées. En 1852, la Compagnie du chemin de fer de Paris à Saint-Germain achète le parc et le château de la famille Montmorency à Auteuil. Il s'agit de faire passer les voies de la ligne en construction et de bâtir une nouvelle gare, celle d'Auteuil, qui allait faciliter une liaison rapide avec Paris. Mais le chantier terminé, il restait du terrain. Émile Pereire, directeur et principal actionnaire de la compagnie, s'est trouvé à la tête d'un parc magnifiquement placé, planté d'arbres parfois centenaires. Un cadre idéal pour des maisons de campagne destinées à une clientèle fortunée. Pour s'assurer les faveurs de ce public, Pereire choisit de lotir en établissant un cahier des charges très restrictif. Les clôtures, le recul des constructions par rapport aux voies, l'interdiction de toute activité risquant d'être bruyante ou de dégager des odeurs désagréables :

les candidats acquéreurs sont assurés que la villa sera occupée «bourgeoisement», comme disent encore les bailleurs aujourd'hui. Ce sera un grand succès : dès 1857, tous les lots sont vendus et en 1860 une cinquantaine de maisons sont construites. Il y en a aujourd'hui cent-dix-sept, toutes plus vastes et plus luxueuses les unes que les autres. Un splendide hôtel particulier était en vente en 2008 au prix de 17 millions d'euros. Pour cette somme respectable, il était possible de s'offrir 750 m² de surface habitable et 200 m² de jardin. Le parcellaire est très inégal mais reste généreux en regard de son emplacement. La diversité de ces maisons d'architectes fait songer au Deauville d'autrefois, à Dinard ou à Arcachon, à ces stations balnéaires de la fin du XIXe siècle où s'affichait une richesse sûre d'elle-même. Les habitants revendiquent le label de village, voire de «village un peu anglais», selon le propriétaire d'une maison de 300 m².

La **villa Montmorency** est inaccessible au promeneur : soigneusement gardée, il est hors de question

d'en franchir les grilles sans en avoir été autorisé par l'un des habitants. C'est un espace totalement privé. Cette privatisation a un coût, puisqu'il s'agit d'assurer les salaires de trois gardiens et de veilleurs de nuit et de faire face aux frais inhérents à l'intervention des entreprises de travaux publics, ou d'entretien de parcs et jardins. Même l'enlèvement des ordures ménagères est à la charge des propriétaires qui, «ne voulant pas être gênés par le bruit des bennes à ordures», ont acquis de petits véhicules électriques qui permettent au personnel d'entretien de regrouper les poubelles devant les entrées de la villa. La contribution annuelle au fonctionnement de ces services collectifs est variable en fonction de la dimension des propriétés.

Les propriétaires de la villa Montmorency sont organisés depuis 1853 dans une association chargée de la gestion et de la réglementation des parties communes. Pour préserver le cadre idyllique de ces «maisons unifamiliales de campagne et d'agrément», comme disent les statuts, les règles se sont faites de plus en plus contraignantes. Des panneaux, aux différentes entrées de la villa, précisent qu'il est interdit de franchir les grilles, bien entendu en voiture, mais aussi à pied, sauf aux «riverains, à leurs visiteurs ou à leurs fournisseurs autorisés». Ce que le gardien, inflexible, sortant de sa loge à l'allure d'octroi, vous rappelle dès que vous risquez un pas dans l'enceinte interdite.

Ainsi le poids du collectif organisé et structuré, contraignant par bien des aspects, apparaît d'autant plus fort qu'un espace concentre une population plus bourgeoise. La manière dont les propriétaires s'organisent pour gérer les parties communes ou en abandonnent le soin aux collectivités locales dépend du milieu social. Les statuts des copropriétés et les cahiers des charges limitent la liberté individuelle pour mieux préserver des valeurs qui ne peuvent l'être que collectivement. Les familles de la haute société font preuve d'un sens de l'intérêt collectif de leur groupe que l'on ne rencontre qu'exceptionnellement ailleurs.

Nous avons mené une enquête sur la sociologie des habitants de cette villa, avec Pascale Kremer, journaliste au *Monde 2*[1]. La densité des familles les plus fortunées y est exceptionnelle. On y trouve Vincent Bolloré (Havas) et ses deux fils, Yannick et Sébastien, qui y ont chacun une maison ; Arnaud Lagardère (Lagardère médias) ; Georges Tranchant (les casinos de Finindusco) ; Dominique Desseigne (hôtels de luxe et casinos Lucien Barrière) ; Xavier Niel (Iliad, maison mère de Free) ; Jean-Paul Bucher (société Flo) ; Alain Afflelou et bien d'autres hommes d'affaires. Au milieu des grands patrons, des familles de la noblesse et du *Bottin Mondain*, des producteurs de cinéma, comme Tarak ben Amar ; le fondateur d'une radio privée, en la personne de Jean-Paul Baudecroux (NRJ). Et puis quelques gloires passées ou présentes du show business, comme Sylvie Vartan, Rika Zaraï ou Mylène Farmer. Et Carla Bruni, dont l'hôtel particulier, doté de deux entrées, l'une dans la villa et l'autre sur la voie publique, est fréquenté le soir venu, en semaine, par son mari, Nicolas Sarkozy. Déjà, pour préparer sa campagne électorale, le futur président avait goûté aux charmes de ce voisinage argenté, séjournant durant deux mois chez son ami Dominique Desseigne. Tous les pôles de l'activité économique et culturelle sont donc représentés dans ce microcosme bien représentatif du pouvoir dans toutes ses variantes.

1. *Le Monde 2*, vendredi 3 octobre 2008.

Habiter la villa Montmorency, c'est aussi bénéficier d'un environnement scolaire cohérent avec ses attentes et ses critères. De grands établissements réputés, comme les lycées Jean-Baptiste-Say, La-Fontaine ou Claude-Bernard, ou des établissements privés comme Notre-Dame-des-Oiseaux, sont à même de satisfaire les plus exigeants. Tous les indicateurs d'équipements collectifs vont dans le même sens. L'infrastructure hospitalière, la présence médicale, les espaces verts (le bois de Boulogne est à deux pas), les équipements socioculturels et sportifs, les transports : l'ouest de Paris est particulièrement pourvu en biens collectifs, publics ou privés. Encore faut-il être assuré que ces écoles soient «bien fréquentées» et pour cela veiller à ce que la population du quartier reste dans le haut de gamme.

La menace des logements sociaux

Tourner à gauche dans la **rue Poussin** pour atteindre la **place de la Porte-d'Auteuil**. Derrière l'ancienne gare d'Auteuil somnole une vaste friche ferroviaire qu'on ne s'attend pas à trouver dans un tel endroit où le foncier est rare, et donc cher. Derrière les anciens bâtiments de la gare, un escalier permet de prendre la mesure des espaces disponibles, aujourd'hui envahis par les buddleias et utilisés par des personnes sans domicile pour l'installation de leurs abris d'infortune. Un projet piloté par la Ville de Paris prévoit la construction de trois cent cinquante logements sur ces terrains en déshérence, dont la moitié seront des HLM.

La perspective de voir s'ériger des immeubles de plusieurs étages à cet emplacement vide qui ménage un dégagement important et un vaste ciel a soulevé un véritable tollé de la part des habitants du quartier, dont ceux de la villa. La présence de logements sociaux dans le projet n'arrange rien. Plusieurs associations ont été constituées pour organiser la résistance, qui, sous le label de la défense des paysages urbains et de l'environnement, ont en ligne de mire la dimension sociale du projet et l'arrivée aux franges de la villa Montmorency d'une population incongrue en ces lieux de bonnes manières et de langage châtié. L'entre-soi est une condition nécessaire, dans ces familles qui cumulent toutes les formes de richesse, pour la reproduction de leur position dominante. Le passage du relais de génération en génération suppose une endogamie de classe. Éviter les mésalliances et la dispersion des fortunes, économiques mais aussi culturelles et sociales suppose des héritiers aptes à assurer les charges de l'héritage. Ils ne doivent pas dilapider leur patrimoine, ni rater leurs études, ni gaspiller l'immense pouvoir que représente le carnet d'adresses de leurs parents. Pas de meilleure solution que de s'assurer que les jeunes de la famille fréquenteront exclusivement des jeunes leur «ressemblant étonnamment». La villa Montmorency est le résultat d'un processus positif d'agrégation des semblables, particulièrement bien contrôlé dans la grande bourgeoisie qui dispose des moyens matériels lui permettant de choisir ses lieux de résidence en fonction de critères sociologiques et non pas sous la contrainte économique. Un processus d'agrégation qui est tout en même temps celui d'une ségrégation voulue et assumée.

Vers le bas du **boulevard de Montmorency**, au nº 93, une entrée secondaire de la villa est tout aussi difficile à franchir. Il s'agit presque d'une entrée de service, tant les femmes de ménage et les nourrices sont nombreuses à l'emprunter. L'interdiction d'entrer est affichée de manière très visible, un système de clef électronique doublé d'une installation de télésurveillance renforçant encore la solidité de la frontière, matérielle et symbolique. Le portail, constitué par une haute grille de fer forgé, permet toutefois de jeter un œil indiscret sur ce monde interdit. Les petites rues, des allées sinueuses et ombragées, calmes et soigneusement ratissées, invitent à respecter le silence et la tranquillité de ces lieux qui tranchent sur le brouhaha urbain qui les entoure. Au nº 71 du boulevard, la grille de clôture laisse apercevoir une allée de la villa qui débouche sur une placette charmante, agrémentée d'une fontaine.

Au nº 67, la maison où vécurent les frères Goncourt est aujourd'hui propriété de la Ville de Paris. Elle est tournée vers le boulevard mais son jardin, à l'arrière, donne sur une rue intérieure de la villa, accessible par une porte. Toutefois les usagers, et leurs invités, de ce qui est devenu une Maison des écrivains et de la littérature, n'ont pas l'autorisation de la franchir. Ainsi, aux franges de la villa Montmorency, les habitants des maisons et des jardins qui en sont mitoyens, se voient interdire d'utiliser les accès à la villa. Quant à la maison des Goncourt, les copropriétaires se sont tout simplement opposés à ce qu'elle soit transformée en musée et ouverte au public, comme le souhaitait la municipalité.

Au n° 53, on passe devant le troisième accès à ce lieu retranché du monde, tout aussi réservé et interdit au promeneur que les précédents.

Prendre la **rue Raffet** à droite puis la **rue du Docteur-Blanche** à gauche.

Square du Docteur-Blanche et rue Mallet-Stevens : la création architecturale pour les familles bourgeoises

Au n° 55 s'ouvre, depuis 1927, le **square du Docteur-Blanche**, voie privée en impasse, où la villa Jeanneret et la villa La Roche ont été réunies pour accueillir la Fondation Le Corbusier (fermée au public jusqu'en juin 2009 en raison de travaux). Un peu plus loin à droite, la petite **rue Mallet-Stevens** est une voie privée en impasse mais ouverte au public. De remarquables maisons dues à cet architecte présentent de

 larges baies vitrées et des escaliers en saillie sur une façade très épurée. Robert Mallet-Stevens (1886-1945) a planté un cèdre du Liban et inauguré l'ensemble en 1927. Le Corbusier, né en 1887, mort en 1965, est son contemporain. L'un et l'autre rejetaient le style art nouveau et ses fioritures pour promouvoir

une architecture fonctionnaliste, loin des architectures baroques, éclectiques, ou traditionnelles. En d'autres endroits du 16e arrondissement, les familles fortunées ont eu recours au service de grands architectes du début du XIXe siècle, représentatifs de l'Art nouveau, comme Hector Guimard ou Jules Lavirotte. Le monde de la richesse est aussi celui des grandes maisons d'architectes, culture et fortune étant étroitement solidaires dans ces réalisations.

La rue du Docteur-Blanche débouche sur l'église Notre-Dame-de-l'Assomption ; prendre la **rue de l'Assomption** sur la droite et ensuite à gauche l'**avenue des Chalets** ou, si elle est fermée, l'**avenue Mozart** dont la qualité et la spécificité des commerces confirment que l'on est bien dans les beaux quartiers.

Villas et hameaux : une forme urbaine très prisée dans les beaux quartiers

L'entrée principale de la **villa des Chalets** se trouve au n° 103 de la **rue du Ranelagh**, avec juste en face une autre voie privée, l'**avenue Vion-Wihtcomb**, protégée par un panneau dissuasif qui signale que le gardien est assermenté. Faire demi-tour dans la rue du Ranelagh, jusqu'au n° 63 où s'ouvre le **hameau**

de Boulainvilliers, lui aussi interdit au public. Mais on peut y entrer dans la journée par la porte qui fait l'angle avec la **rue de Boulainvilliers** car l'une des villas est occupée par l'ambassade des Philippines. Ce hameau fut créé en 1839 par Louis-Charles-Théodore Charpentier (1797-1867), architecte également de la villa Montmorency. Il reste encore quelques jolies maisons mais les immeubles collectifs sont nombreux.

La **rue de Boulainvilliers**, à droite, permet de finir la promenade par la **rue La Fontaine** avec le **hameau La Fontaine** au n° 10 et, surtout, aux n° 14, 16 et 18, le hameau et le **Castel Béranger**, œuvre majeure d'Hector Guimard. Il s'agit d'un immeuble de rapport de 36 logements, construit de 1895 à 1897 pour une veuve fortunée. Hector Guimard en dessina tous les détails, y compris, à l'intérieur, les escaliers, les portes d'entrée des logements et les boutons de porte. Mais le souci de rendement de la commanditaire limita les prestations : la pierre de taille est peu utilisée, il n'y avait pas d'ascenseur, ni de salles de bains, mais seulement des cabinets de toilette. Pourtant, « avec ses courbes en coup de fouet, ses entrelacs infinis, ses multiples matériaux – pierre de taille, brique et pierre meulière, fonte et cuivre fondu, carreaux émaillés et vitraux polychromes –, le Castel Béranger permit à Guimard d'exprimer ce qui allait devenir le style Guimard, variante personnelle du style Art nouveau créé par Horta, où asymétrie et éléments végétaux jouent un rôle essentiel, comme dans cet immeuble[1] ». Le Castel Béranger présente un cas limite des villas parisiennes où l'immeuble collectif remplace les maisons individuelles, avec toutefois le maintien d'une voirie privée, en principe interdite au public. Classé Monument historique en 1992, il a fait l'objet d'une très belle rénovation en 1999. Les immeubles aux nos 17 et 19 de la rue La Fontaine et rue Agar sont également dus à Hector

1. Isabelle Montserrat Farguell, « Hameau Béranger », *Hameaux, villas et cités de Paris*, Paris, Action artistique de la Ville de Paris, 1998, sous la direction de Béatrice de Andia, textes réunis par Isabelle Montserrat Farguell et Virginie Grandval, p. 130.

Guimard. Les décorations des commerces, dont celles du café-bar Antoine, sont caractéristiques de son style. Rien de mieux pour clore cette balade qu'une pause café dans un décor Art nouveau.

On peut aller prendre le RER C à la **station Avenue-du-Président-Kennedy**, **Maison-de-Radio-France**, ou retrouver le métro à la **station Bir-Hakeim** en empruntant, depuis le pont de Grenelle, la promenade de l'allée des Cygnes, une île pittoresque, tout en longueur au milieu de la Seine.

Les villas du 19e arrondissement

Les villas du quartier de la Mouzaïa, dans le 19e arrondissement, à proximité des Buttes-Chaumont et de la place des Fêtes, étaient à l'origine destinées à une population modeste. À la fin du XIXe siècle, en 1899, le propriétaire des terrains créa une Société anonyme des terrains et habitations à bon marché qui inscrivait son projet immobilier dans le cadre de la loi Siegfried de 1894 instituant les HBM. Ce promoteur put ainsi faire construire de petites maisons ouvrières compatibles avec la fragilité d'un sous-sol instable parce que percé de carrières. L'opération bénéficia donc de crédits publics. Le parcellaire était modeste et les surfaces habitables réduites. Pour autant, ces villas populaires n'ont pas résisté à la pression de la *gentrification*, particulièrement vive dans ces quartiers du Nord-Est parisien. Aujourd'hui les familles des couches moyennes intellectuelles bénéficient du charme bucolique de ce petit coin de Paris où les modestes jardins donnent une touche de poésie urbaine du meilleur aloi.

Les noms des villas renvoient à leurs origines. Dans le 16e, le lotissement chic de la porte d'Auteuil a pris celui de la duchesse de Montmorency, ancienne propriétaire des terrains, alors que les rues qui desservent les villas du 19e arborent fièrement les principes de la République : « Liberté », « Égalité », « Fraternité ». Si elles sont aussi désignées plus traditionnellement par des noms de présidents de la République, comme Émile Loubet, de régions françaises ou de poètes, l'une d'elles a pris le beau nom de « Résistance », et une autre celui

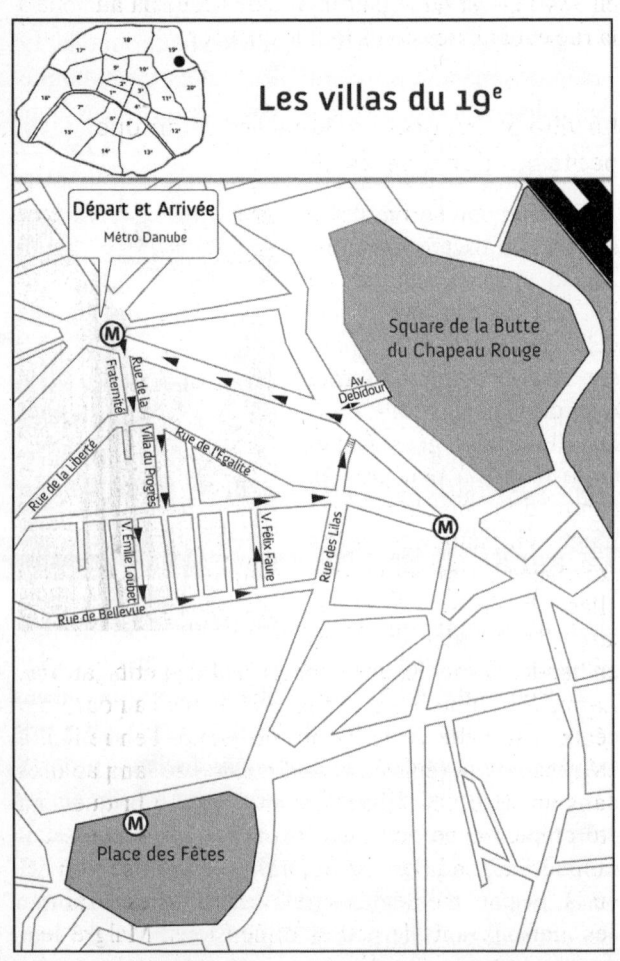

Les villas du 19e

Départ et Arrivée
Métro Danube

Square de la Butte
du Chapeau Rouge

Rue de la Fraternité
Rue de la Liberté
Villa du Progrès
Rue de l'Égalité
Av. Debidour
V. Émile Loubet
V. Félix Faure
Rue des Lilas
Rue de Bellevue

Place des Fêtes

de «Progrès». C'est en souvenir de combats en Algérie en 1840 qu'est dû le patronyme de Mouzaïa attribué à la rue et par extension à tout le quartier.

La villa du Progrès : petite allée commune, petits pavillons, petits jardins

Derrière la sortie de la **station de métro Danube**, suivre la petite **rue de la Fraternité**, qui monte vers celle **de l'Égalité** à prendre sur la gauche pour tourner tout de suite à droite dans la **villa du Progrès**. Celle-ci se trouve à peu près au centre d'un maillage serré d'une vingtaine de villas aux aspects similaires. Une allée de trois mètres de large dessert des pavillons en bande, devant lesquels musardent de petits jardins. La ruelle commune, autrefois privée mais aujourd'hui cédée à la Ville de Paris qui en assure l'entretien, a été récemment repavée et agrémentée de lampadaires dans un style XIXᵉ siècle. Les maisons en briques ont été crépies dans des tons disparates. Des constructions en appendices sur le jardin peuvent se voir ici ou là, parfois même des surélévations. Il est vrai que ces maisons sont de petites dimensions. Malgré leur apparente homogénéité, leur construction n'a pas été rapide : «Elle s'est faite sur une longue période alternant des périodes d'intense activité foncière avec des phases plus calmes. Les ventes se sont déroulées sur plus d'un demi-siècle et l'on peut considérer que le quartier est achevé seulement à la veille de la Seconde Guerre mondiale.[1] »

La végétation est abondante, la vigne vierge couvre de nombreux murs et la présence de meubles de jardins atteste d'un style de vie bucolique. Au départ, « les acquéreurs étaient, dans leur grande majorité, soit des employés, soit des petits commerçants (la proportion de simples ouvriers est faible)[2] ». Aujourd'hui elle est moindre encore à en juger par la décoration et les aménagements. L'homogénéité des lieux porte à se laisser aller au rythme du charme de ces chaumières.

Le poids des origines modèle l'espace urbain et les formes architecturales. Bien que les villas soient toutes nées dans des quartiers périphériques qui ne furent annexés à Paris qu'en 1860, les oppositions entre le 16e et le 19e arrondissement, entre l'Ouest bourgeois et l'Est ouvrier, étaient déjà suffisamment affirmées pour que ces lotissements de maisons individuelles traduisent encore aujourd'hui toute la distance sociale qui s'était ainsi objectivée dans les modalités de leur réalisation.

---

1. Amina Sellali, « Quartier Mouzaïa », *Hameaux, villas et cités de Paris, op. cit.*
2. *Ibid.*

La villa Émile-Loubet : l'entre-soi
des classes moyennes intellectuelles

La villa du Progrès débouche sur la **rue de Mouzaïa** à prendre à droite pour trouver à gauche, au n° 28, la **villa Émile-Loubet**.

Les immeubles imposants de la place des Fêtes dominent tout le quartier, tels des géants écrasant les maisons des sept nains. Ils sont le fruit d'une opération de rénovation lourde qui a substitué à un tissu ancien des tours de logements sociaux. La place des Fêtes représente un exemple des formes prises par l'urbanisme au cours des années 1960 et 1970. On n'hésitait pas alors à effacer tout un quartier et à le reconstruire sans tenir compte de son environnement immédiat. Heureusement la volonté rénovatrice s'est arrêtée aux portes de la Mouzaïa.

La conquête de la villa Émile-Loubet par les classes moyennes s'est accompagnée d'une restructuration des modestes pavillons dont les ouvertures ont été modifiées et les volumes internes remodelés. Les greniers et les caves ont été aménagés en pièces d'habitation, la courette à l'arrière a été transformée en cuisine. Les espaces étaient trop modestes pour satisfaire les exigences de familles soucieuses de préserver des espaces d'isolement favorables aux études des enfants. Les jardins ont toujours trente mètres carrés, ce qui autorise d'y prendre ses repas, mais sous le regard des voisins, ou des promeneurs : la voie qui dessert les habitations n'est pas ouverte à la circulation des véhicules, mais les piétons peuvent s'y promener et, au passage, chacun peut à loisir jeter un œil curieux sur maisons et jardinets.

Cette promiscuité visuelle est redoublée par une mitoyenneté sonore dont on semble s'accommoder, faute de pouvoir y échapper. Les maisons sont construites en bandes et les vies familiales s'interpénètrent par l'échange de bruits plus ou moins gênants. Un couple d'universitaires évoque avec bonheur l'époque, pas si lointaine, où leur petite fille pouvait jouer et gambader tout à sa guise dans l'allée piétonne. Les enfants sont ainsi au principe d'une sociabilité « sympathique et commode ». Mais, dans cette villa habitée par des artistes, des journalistes, des architectes, des stylistes de mode, les relations débordent celles nées des amitiés enfantines et des scolarités communes. « Chaque année, on faisait une fête de la villa, parfois même avec un feu d'artifice. » Il est vrai que la configuration même des lieux, une proximité certaine et surtout l'architecture simple de ces maisons en bande, avec leur végétation abondante, suggèrent l'image du village, ne serait-ce que par le contraste saisissant avec les immeubles imposants de la place des Fêtes qui la dominent.

La gestion de chacune de ces villas est confiée à un syndic dont le responsable est choisi parmi les copropriétaires. Les voies ont été cédées pour un franc symbolique à la Ville de Paris, en raison de l'importance des travaux d'aménagement à effectuer, mais la gestion est plutôt laissée aux initiatives des habitants, ce qui correspond bien aux dispositions des nouveaux résidents.

À la sortie de la villa Émile-Loubet, prendre à gauche la **rue de Bellevue**. On passe devant les entrées d'autres villas qu'il est bien entendu possible d'arpenter à sa guise. Emprunter sur la gauche la dernière, dédiée à **Félix Faure**. La présence de classes moyennes intellectuelles est confirmée par des avertissements débonnaires, du genre «Chat gentil» ou «Danger: exploitation forestière», qui ne sont pas incompatibles avec la présence de caméras de surveillance.

Il est vrai que, peu ou prou, en fonction des spécificités – les origines de l'opération, la qualité du bâti, l'importance des surfaces privées et collectives, l'environnement et son évolution –, l'embourgeoisement des villas et des cités est la règle. La Mouzaïa ne compte plus guère de représentants du Paris populaire érodé par l'évolution des activités et celle des prix immobiliers. Pour autant, ces villas limitent leurs ambitions aux professions intellectuelles supérieures ou aux cadres moyens, à ces couches sociales qui doivent plus leur position et leur aisance relative à leur capital culturel et scolaire qu'à leur capital économique.

Mais ces villas restent des îles préservées de la mer urbaine. Tous les insulaires se félicitent de l'agrément de leur cadre de vie, «coins de campagne à Paris», dont l'enchantement est vivement ressenti aux beaux jours. Fenêtres ouvertes sur une végétation généreuse, meubles de jardin accueillant des repas champêtres, fauteuils de rotin pour d'agréables moments de lecture, plaisirs du jardinage, ébats enfantins: la villa est un havre de verdure au sein d'un univers minéral, d'autant plus rébarbatif que l'automobile, ses bruits et ses odeurs l'ont envahi.

Bâti ancien et innovations
architecturales : contrastes

Au bas de la villa Félix-Faure on reprend à droite la **rue de Mouzaïa**, puis à gauche la **rue des Lilas** qui se termine par un charmant escalier. À gauche le **boulevard Sérurier**, puis à droite l'**avenue Debidour** permettent d'accéder au **square de la Butte-du-Chapeau-Rouge**. Du haut de cette butte, on peut admirer, assis sur un banc de bois, la vue qui s'étend sur une grande partie de la banlieue vers le Pré-Saint-Gervais, et plus loin Pantin, Les Lilas, Bobigny… Des terres où s'entremêlent pavillons, tours et barres, dans ce paysage d'au-delà du boulevard périphérique. Un autre monde, proche et lointain à la fois.

En se retournant sur la droite, l'hôpital Robert-Debré, tel un énorme paquebot, émerge au-dessus de la cime des arbres. Il faut faire demi-tour pour reprendre l'**avenue Debidour**, seul accès au square. Traverser le boulevard Sérurier et prendre en face la **rue David-d'Angers** qui ramène sur la **place Rhin-et-Danube**, au charme encore très provincial. Sur la gauche, l'étagement des villas se termine par l'énorme excroissance de la place des Fêtes, en un contraste saisissant. Sur la droite, on longe l'architecture audacieuse et superbe du lycée technique Denis-Diderot, réalisé en 1996 par Jean-François Laurent. Ces deux réalisations contemporaines tranchent avec le charme suranné des villas. Ce contraste est une illustration de l'effet de décalage dû à l'objectivation du social dans les formes urbaines. Les sociétés et les canons architecturaux changent plus vite que les constructions et les monuments : le hiatus entre l'ancien et le nouveau donne de la valeur aux traces du passé et fait considérer avec méfiance les créations nouvelles. C'est l'un des moteurs de la *gentrification* des vieux quartiers populaires : leur poésie est liée à la nostalgie des époques disparues.

La station du **métro Danube** est au bout du lycée.

BIBLIOGRAPHIE

Granvaud P. (dir.), « Paris discret ou le guide des villas parisiennes », *Cahiers de la recherche architecturale*, n° 3, novembre 1978.

Hameaux, villas et cités de Paris, Paris, Action artistique de la ville de Paris, 1998, sous la direction de Béatrice de Andia, textes réunis par Isabelle Montserrat Farguell et Virginie Grandval.

CHAPITRE XII

La Goutte-d'Or,
terre de tous les exodes

Un vin blanc produit à partir des vignes qui descendaient des collines de ce faubourg a donné son nom à ce quartier du 18ᵉ arrondissement. La rue de la Goutte-d'Or et celles alentour ont été construites entre 1830 et 1860. Elles se situaient au-delà de l'enceinte des Fermiers généraux et des barrières d'octroi. La capitale est alors en pleine révolution industrielle et a besoin de main-d'œuvre. L'exode rural viendra combler ce manque et les Gervaise et les Lantier[1] trouveront à se loger dans les hôtels meublés et les

_____

1. *L'Assommoir* d'Émile Zola, publié en 1877, a pour cadre la Goutte-d'Or sous le Second Empire, au moment des grands travaux d'Haussmann. Gervaise est l'héroïne de ce roman construit à partir d'un travail de documentation sur le terrain. Zola utilisait volontiers les méthodes ethnographiques avant la lettre. Gervaise et son compagnon Lantier ont quitté Marseille avec deux garçons en bas âge. Elle a le projet de devenir blanchisseuse et lui chapelier. Ils sont arrivés à la Goutte-d'Or et y sont restés. Zola a contribué à constituer ce quartier comme emblématique d'une certaine identité populaire.

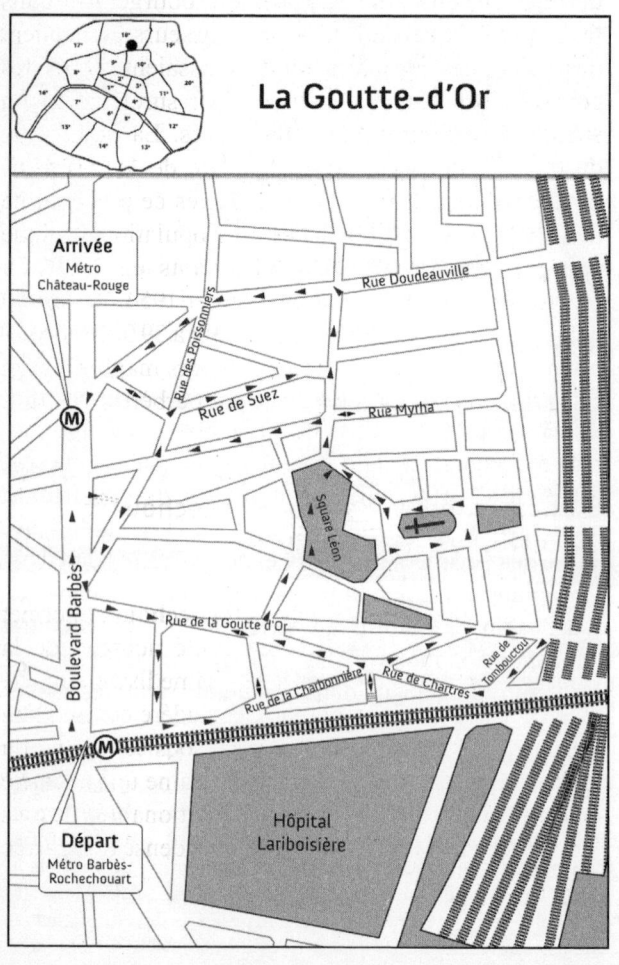

La Goutte-d'Or

Arrivée
Métro
Château-Rouge

Rue Doudeauville

Rue des Poissonniers

Rue de Suez

Rue Myrha

Square Léon

Boulevard Barbès

Rue de la Goutte d'Or

Rue de Tombouctou

Rue de Chartres

Rue de la Charbonnière

Départ
Métro Barbès-
Rochechouart

Hôpital
Lariboisière

petits logements d'une ou deux pièces des immeubles de rapport construits par la petite bourgeoisie dans le nouveau quartier. Ces investisseurs achetaient des propriétés agricoles qu'ils lotissaient[1]. Puis les constructions furent densifiées, par surélévation ou substitution d'immeubles plus élevés. La population du quartier de la Goutte-d'Or passe de 11 000 habitants en 1851 à 49 000 en 1901. Après ce pic, comme dans presque tous les quartiers, la population diminue et n'est plus que de 22 000 habitants en 1999. La reprise démographique entre 1946 et 1954 (de 32 000 habitants, on remonte provisoirement à 39 000) correspond à l'arrivée massive de travailleurs maghrébins et en particulier d'Algériens d'origine berbère.

Station de métro Barbès-Rochechouart : un carrefour cosmopolite

La station de **métro Barbès-Rochechouart** permet d'entrer de plain-pied dans la réalité actuelle de la Goutte-d'Or. Les mercredis et samedis matin, le marché Barbès, très maghrébin, considéré comme l'un des moins chers de Paris, se tient sous le viaduc du métro aérien. Ce lieu de sociabilité draine une clientèle bien au-delà du quartier. Toutes les nationalités de tous les continents se croisent dans la foule dense et bigarrée qui se presse sous le métro aérien.

---

1. Catherine Barbé, «Château-Rouge», dans *Paris Projet*, n° 32-33, «Quartiers anciens, approches nouvelles», 1998.

La station Barbès-Rochechouart a été emblématique d'un certain Paris. En 1945, Marcel Carné y situe l'action des *Portes de la Nuit* et pour cela Alexandre Trauner, son décorateur attitré, reconstitue station et boulevard aux studios de Joinville, en plein air.

Du **côté impair du boulevard Barbès**, à l'angle avec le boulevard de Rochechouart, les magasins Tati proposent des vêtements à des prix défiant toute concurrence, des articles de droguerie, de la lingerie, des robes de mariée, des lunettes de soleil, des fleurs artificielles. Les locaux ont été acquis peu à peu. Ils occupent aujourd'hui le boulevard de Rochechouart jusqu'à la rue Belhomme et la rue de Clignancourt. Chaque bâtiment a conservé sa structure, mais habillée par le logo de la maison et son motif imitant la toile de vichy rose et blanc, si emblématique de Tati.

Le promeneur est frappé par la présence d'étrangers. Le 18ᵉ arrondissement en comptait près de 20 % au recensement de 1999, le taux étant vraisemblablement plus élevé dans le quartier administratif de la Goutte-d'Or : en 1990, il y était en effet de 32,6 % pour 20,6 % au niveau de l'arrondissement. En 1999, la population parisienne comptait 9,4 % d'étrangers. Il y en avait 11,9 % en Île-de-France et 5,6 % pour la France entière.

Boulevard Barbès : immeubles haussmanniens et commerces ethniques

Sur le **boulevard Barbès**, du côté des numéros pairs, de nombreuses bijouteries, « ces innombrables bijouteries rutilantes d'objets d'or, de colliers compliqués, de ceintures surchargées de perles, de mains de Fatma[1] », offrent aux femmes maghrébines et africaines la possibilité de compléter leur parure. Elles portent des bijoux de valeur, compléments des tissus et des vêtements en vente dans le quartier, mais aussi forme d'épargne. Ils représentent la dot et le capital personnel d'épouses qui peuvent être répudiées. Ils sont aussi une manière traditionnelle de gérer les avoirs familiaux et de pouvoir les transporter sur soi.

Dans les années récentes, les boutiques dédiées à la téléphonie mobile ont proliféré. Les multiples

---

1. Louis Chevalier, *La Goutte-d'Or, faubourg de Paris*, Paris, Hazan, 1988, p. 13.

panonceaux présentant les offres de ces magasins sont
«rédigés» dans un langage ésotérique mais radicalement international et transclassiste, sur le modèle :

LG KG 275
Puce :
SFR KDo
25 euros

Signe d'une indéniable démocratisation du téléphone portable, cette omniprésence est l'une des
manifestations de la mondialisation de la misère
qui contraint nombre de Maghrébins et d'Africains,
de ressortissants des anciens pays de l'Est et d'Asie
à un exil plus involontaire que délibérément choisi.

Le besoin de communiquer avec la famille restée au pays, ou la perspective d'un trafic fructueux pour des personnes aux ressources modestes, rendent compte de l'invasion de cette zone de pauvreté par les technologies les plus récentes. Ainsi un vendeur algérien propose des téléphones de marque, sans abonnement, pour 20 €. Achetés en gros par des compatriotes, ils feront l'objet de cadeaux appréciés, ou d'un trafic profitable, au pays, où les puces nécessaires à leur fonctionnement sont moins chères qu'à Paris.

Comme dans tous les quartiers où les immigrés sont nombreux, les «bagageries» font florès. Il s'agit parfois de l'extension d'une droguerie, ces boutiques où l'on trouve une grande variété d'objets manufacturés, du panier à salade à l'horloge pour la cuisine lieu vénéré du pèlerinage à La Mecque. Les malles

en passant par la broderie représentant la Kaaba, métalliques sont parmi les bagages les plus représentés et l'on
en trouve de toutes les tailles. Les magasins spécialisés
proposent un large choix de valises et de sacs de voyage,
autant d'objets incontournables pour les migrants, qui
vont de pair avec les boutiques de téléphonie.

Les immeubles haussmanniens qui bordent le boulevard ne sont pas habités par les commerçants des rez-
de-chaussée et encore moins par leurs vendeurs, mais
plutôt par des membres des classes moyennes, voire
supérieures qui trouvent dans cet habitat potentielle-
ment de qualité, à l'environnement pittoresque et animé,
la possibilité de se loger dans Paris, ville qui leur est
devenue inaccessible dans nombre de ses quartiers. Un
panneau fixé sur la porte d'entrée du n° 12 précise que
le bâtiment est «sous vidéosurveillance». Un certain
«embourgeoisement» de la Goutte-d'Or est confirmé
par la statistique. En 1954, le recensement a enregistré
77 % d'actifs ouvriers ou employés. Le taux des patrons,
des cadres et des professions intermédiaires n'était que
de 23 %. En 1999, l'écart s'est considérablement réduit
puisque les ouvriers et employés ne sont plus que 58 %
alors que les classes moyennes et supérieures grimpent
à plus de 42 %. Entre 1991 et 2007, les prix immobiliers
ont augmenté de 110 % sur l'ensemble du 18e arrondissement, tandis qu'en moyenne, à Paris, ce taux n'était
«que» de 103 %, et de 76 % dans le 14e arrondissement[1]. Si le vote à gauche est majoritaire dans le 18e,

----

1. Appartements anciens vendus libres, de gré à gré, en pleine
propriété, à usage d'habitation (Indices Notaires / INSEE à base
trimestrielle).

avec 72 % aux élections municipales de mars 2008, les bureaux relevant de la Goutte-d'Or ont presque atteint les 80 % en faveur de Daniel Vaillant (PS), Roxane Decorte (UMP) plafonnant à moins de 20 %.

Les travaux entrepris sur le boulevard par la Ville de Paris devraient plaire aux couches sociales moyennes et supérieures. Les trottoirs ont été élargis et la surface de la chaussée réservée à la circulation automobile a été réduite au profit d'une voie réservée aux autobus, d'une piste cyclable et d'une rangée d'arbres supplémentaires. La circulation a perdu toute impétuosité : cette artère n'est plus un tuyau à engins automobiles.

Du côté des numéros impairs du même boulevard Barbès, des changements notables ont affecté les enseignes commerciales. Virgin Megastore, grande surface consacrée à des produits culturels (musique, vidéo, livres) et La Grande Récré, vouée aux jeux pour enfants, occupent un imposant immeuble, signes annonciateurs d'évolutions probables vers une *gentrification* du quartier plus poussée encore.

Il serait plus exact de parler de « réembourgeoisement ». En effet, en 1936, le *Bottin Mondain* mentionnait une dizaine de familles dans les immeubles cossus des numéros 10 à 22 du boulevard Barbès. Au n° 34, l'entrée du cinéma Barbès-Pathé est toujours signalée par un auvent dans le style des années trente. Avec le Louxor-Palace, et sa décoration néo-Égypte antique, implanté à l'angle du boulevard de La Chapelle et du boulevard Magenta, il avait, dans la même édition, les honneurs du *Bottin Mondain*, qui recensait alors les salles de cinéma de la capitale. L'embourgeoisement a

256 / Paris, quinze promenades sociologiques

tourné court et le hall du Barbès-Pathé ouvre sur un supermarché de la chaussure, Kata. Le Louxor, lui, va retrouver sa vocation originelle après une longue période d'hibernation, avec l'ouverture grâce à la Ville de Paris, qui a acheté l'immeuble, de trois salles, dont une consacrée aux films des pays du Sud.

Le **magasin Kata**, installé depuis 1988 à la place du cinéma Barbès-Pathé, au n° 34, permet de traverser l'îlot et de rejoindre ainsi la rue des Poissonniers à travers un paysage vallonné d'amoncellements de souliers, baskets, bottes et pantoufles de toutes couleurs et de toutes formes. Mais les bacs ne proposent que des chaussures pour le pied gauche, sans lacets : autant de précautions pour éviter le vol à l'étalage, bien que les prix soient très bon marché. Il n'y a pas de sièges pour essayer les chaussures à sa pointure. La salle de cinéma a été conservée : à l'ancienne, avec un balcon où sont stockées les réserves, une scène peu profonde pour les attractions qui étaient de règle avant la séance et pendant l'entracte. De chaque côté, deux petits réduits cubiques servaient de loges aux artistes, musiciens, chanteurs ou prestidigitateurs. Non sans humour, le propriétaire de Kata a fait réaliser un rideau de scène sur lequel figure une pelleteuse qui charrie des tonnes de chaussures, en un trompe-l'œil saisissant. À travers le paysage vallonné de talons, d'empeignes, de semelles et de pointes constitué par la masse des pieds droits attendant leurs faux jumeaux, un magicien aide aux retrouvailles et reconstitue les paires à partir de cet apparent capharnaüm.

Pour le prix demandé, Kata estime que l'acte d'achat est irrévocable : la marchandise ne sera « ni reprise ni échangée». D'autres panneaux précisent que tous les articles «sont achetés en lots fins de série, deuxième choix, vendus dans l'état sans aucune garantie de composition. Articles non suivis». Le client modeste est captif de ce genre de produits bon marché. Immigrés ou enfants d'immigrés, les clients de Kata ne sont pas habitués à la considération affichée par les vendeurs des magasins de luxe. Ici on est encore dans le domaine de la nécessité, de l'urgence, d'une consommation qui exclut tout superflu. Loin du contexte de la chaussure sur mesure, dont le principe est même inconnu de ces clients peu solvables qui se voient rappeler par d'autres panneaux que les cartes bleues et les chèques ne sont pas acceptés : tout règlement doit se faire au comptant, en espèces sonnantes et trébuchantes.

La salle daterait de 1935 et serait due à Eiffel. Les piliers métalliques qui soutiennent les arceaux de la voûte portent encore le monogramme BP, pour Barbès-Pathé. Cette salle de cinéma rappelle une époque où la Goutte-d'Or était déjà un quartier populaire, mais à proximité des boulevards où les salles de spectacle étaient encore nombreuses et fréquentées par un public aisé.

On sort du magasin Kata par le côté de la salle, une ancienne sortie de secours, qui donne dans la **rue des Poissonniers**. En prenant à droite, en descendant la pente autrefois couverte de vignes, on passe devant la rue Polonceau au coin de laquelle est installée la **mosquée Al Fath**. Elle a déjà été agrandie mais est encore trop petite. Les fidèles, le vendredi, entre 13 h 30 et 14 h 30, investissent la rue pour prier à la manière musulmane, tournés vers La Mecque, sur les tapis qu'ils ont apportés, roulés sous le bras. Prévenants, les responsables de la mosquée ont au préalable recouvert la chaussée de larges bâches plastifiées qui garantissent les tapis contre les outrages des crottes canines, plus nombreuses ici qu'ailleurs, de l'avis des habitants, qui estiment que les rues de la Goutte-d'Or sont moins souvent nettoyées que celles des beaux quartiers. La police est là pour détourner la circulation. Les prières et les prêches sont retransmis à l'extérieur, depuis la mosquée comble. Il y a toujours à proximité quelques mendiants ou mendiantes auxquels les fidèles se doivent de faire l'aumône.

Les restaurants sénégalais ou camerounais rivalisent avec ceux tenus par des Nord-Africains, de même que les magasins de tissus. Des cotonnades aux couleurs chatoyantes pour confectionner des boubous ou des pagnes pour les uns, des tissus de fête chamarrés d'or et de fioritures éclatantes pour les autres.

Rue de la Goutte-d'Or,
la rue des immigrations

On arrive de nouveau au **boulevard Barbès** avec à gauche la **rue de la Goutte-d'Or**. Elle est exemplaire des différentes sédimentations architecturales et sociologiques du quartier. Dans la deuxième moitié du XIXᵉ siècle, la Goutte-d'Or accueille non seulement des provinciaux mais également les ouvriers de Paris que les travaux d'Haussmann repoussent hors des limites de la capitale. La construction des gares Saint-Lazare, du Nord et de l'Est, et de l'hôpital Lariboisière, demandera une main-d'œuvre abondante. En 1860, le village de la Chapelle dont fait partie la Goutte-d'Or est annexé. Nombre d'ouvriers trouveront des logements bon marché construits avec des matériaux de récupération des travaux d'Haussmann.

Par la suite, le quartier continuera à accueillir les nouveaux flux de manouvriers qui viendront de contrées de plus en plus lointaines. Dès le début du XXᵉ siècle, des Belges et des Polonais, puis des Italiens et des Espagnols, se sont mêlés aux ouvriers français d'origine provinciale. Dans les années 1920, les premiers Kabyles ouvrent des commerces, mais c'est après la Libération que l'immigration en provenance d'Algérie deviendra significative. LesAlgériens sont encore sous domination française. La France se reconstruit après la guerre et les besoins en main-d'œuvre sont importants. Le quartier fut une terre d'accueil car, avec l'abondance d'hôtels meublés et de petits garnis, il pouvait offrir des logements adéquats à des hommes venus seuls, la famille restant au pays. La guerre d'Algérie marquera la Goutte-d'Or. Un impôt révolutionnaire fut perçu par les militants clandestins du FLN (Front de libération nationale) auprès des commerçants et des tenanciers de cafés. Aux affrontements entre ces militants et ceux du mouvement rival, le MNA (Mouvement national algérien), s'ajoutèrent ceux qui opposèrent harkis et indépendantistes.

Les Algériens ont marqué de leur présence tout le sud du quartier: la rue de la Goutte-d'Or et la station de métro Barbès-Rochechouart symbolisent l'Afrique du Nord à Paris. Depuis les années soixante-dix, les Africains noirs de l'ouest du continent ont investi le quartier plus au nord, près du métro Château-Rouge, où ils ont implanté leurs activités commerciales. À la fin des années quatre-vingt-dix est arrivée une nouvelle vague d'immigration, constituée de Ghanéens et de Sri-Lankais.

La **rue des Islettes**, à droite, conduit à une petite place sur laquelle donnent un bureau de poste et une halte-garderie. Une plaque de rue attribue à la placette la dénomination «place de *L'Assommoir*». Le lavoir de Gervaise se serait trouvé là. Des marabouts marocains s'installent chaque jour au carrefour stratégique avec la rue de la Goutte-d'Or et proposent de révéler leur destin aux passants.

À gauche prendre le **boulevard de La Chapelle**. La **rue Caplat**, sur la gauche, offre un ensemble architectural assez homogène malgré la diversité des teintes utilisées par des ravalements récents. Sans doute destinés à des catégories plus aisées, les immeubles sont plus ornés, d'apparence plus cossue que ceux situés plus à l'intérieur du quartier.

On suit à droite la **rue de La Charbonnière** et ses musiques orientales lancinantes, qui s'échappent des boutiques proposant des plats, des assiettes en terre cuite aux teintes vives et laquées, des verres à thé richement décorés, des narguilés et bien d'autres objets de la même provenance. Le territoire est ici marqué par une forte présence maghrébine. **Rue Fleury**, aux nos 2 et 4, la bibliothèque du quartier, inaugurée à la fin de l'année 1999, fruit de la rénovation et des exigences des associations, présente la particularité de posséder un centre d'informations sur les métiers, la recherche d'emploi, la formation professionnelle. Elle semble avoir beaucoup de succès. Juste en face, un centre musical de la Ville de Paris, «Fleury-Goutte-d'Or-Barbara», ouvert en 2008, est dédié aux musiques contemporaines et au soutien des jeunes talents. Il leur offre la possibilité de répéter et d'enregistrer pour des sommes modiques dans sept studios équipés d'un matériel numérique.

Dans le prolongement de la rue de La Charbonnière, la **rue de Jessaint**, après un hammam, poursuit l'égrenage des grossistes alimentaires avec leurs montagnes d'épices, de semoule, d'amandes et de bidons d'huile d'olive. Cer-taines échoppes sont spéciali-sées dans la menthe fraîche dont les énormes brassées enchantent l'odorat. À certains moments, le ballet des camionnettes des détaillants est incessant. La vocation de pôle commercial spécialisé du quartier s'affirme particulièrement ici.

À droite, la **rue de Tombouctou** est agrémentée à son arrivée sur le **boulevard de La Chapelle** par deux hammams qui se font face, l'un pour les hommes et l'autre pour les femmes. On se retrouve alors à deux pas de la Gare du Nord et des voyageurs qui empruntent l'Eurostar pour se rendre à Londres. Deux mondes, si proches et si différents, qui s'ignorent. Prendre à droite la **rue de Chartres.** Au n° 29, une librairie avec de nombreux ouvrages en arabe et quelques-uns en français, tous consacrés à l'Islam. La forte activité associative est attestée par la présence des «Enfants de la Goutte-d'Or» au n° 25. Eugène Pottier, l'auteur de *L'Internationale*, y est mort au n° 3.

Les quelques marches d'un petit escalier, à droite, permettent de rejoindre la **rue de la Goutte-d'Or** que l'on prend à gauche. Au n° 42 s'ouvre la **villa Poissonnière** privée et close. C'est un îlot de charme et de verdure pour classes moyennes intellectuelles. Les maisons, construites sur une parcelle toute en longueur et en pente, sont desservies par une voie étroite et pavée sur laquelle donnent de petits jardins bucoliques. À son autre extrémité, cette allée débouche rue Polonceau par un passage en arcade située sous un immeuble. Les habitants de ce havre de paix sont assez aisés car les prix immobiliers y sont élevés.

Au n° 49, l'immeuble date de 1840. Il ressemble étrangement à celui où Gervaise, l'héroïne de Zola, était censée habiter et tenir sa blanchisserie. Si l'on parvient à franchir la porte, désormais fermée par un digicode, on peut comprendre que la densité et la promiscuité des logements pouvaient être, comme le décrit Émile Zola, sources de tensions et de conflits entre les nombreux locataires. La présence des écuries, bien sûr transformées, atteste de l'ancienneté de cet immeuble : antérieur à la disparition des barrières d'octroi, il abritait des chevaux utilisés pour les transports induits par cette frontière fiscale. Cet ensemble immobilier a été rénové grâce à des aides accordées aux propriétaires qui bénéficièrent de subventions atteignant jusqu'à 70 % des travaux dans le cadre des dispositifs d'aide à l'amélioration de l'habitat.

La rénovation a été radicale dans la rue de la Goutte-d'Or. La plupart des bâtiments sont récents et modernes, mais pas plus hauts que les immeubles vétustes qui ont été détruits. Les logements sociaux ont été pour beaucoup réaffectés aux familles africaines à la suite d'une opération tiroir.

De nombreux immeubles du quartier furent construits avec des matériaux de récupération de mauvaise qualité. Le sous-sol est instable : il est parcouru par les galeries de carrières de gypse, exploité à Paris comme pierre à plâtre. La qualité des matériaux de construction contribue à former l'image sociale d'un quartier : les immeubles n'étaient guère en mesure de résister aux assauts du temps et ils se sont dégradés. D'autant plus qu'il s'agissait d'hôtels meublés ou d'immeubles de rapport dans lesquels n'habitaient pas les propriétaires. De surcroît, beaucoup de logements furent régis par la loi de 1948, qui exigeait des loyers modestes. De sorte que les propriétaires n'ont pas réalisé les travaux nécessaires à l'entretien d'immeubles devenus vétustes et insalubres. Les façades disent la sociologie des habitants, la pauvreté architecturale signifiant la pauvreté dans tous les domaines de la vie.

Le principe de la rénovation est voté par le conseil de Paris en septembre 1983. Les premiers projets de rénovation concernent le sud du quartier. Mais la crainte a été forte que les petits immeubles de quatre étages si typiques du XIXᵉ siècle ne soient remplacés par des immeubles modernes et que les habitants ne soient expulsés dans une banlieue plus ou moins lointaine.

En juin 1981, Lionel Jospin est élu député du 18e arrondissement et par son intermédiaire la Goutte-d'Or va bénéficier d'un classement en îlot sensible qui permet d'obtenir des subventions de l'État et de traiter le quartier dans son ensemble. Il sera classé ensuite DSQ (Développement social des quartiers), ce qui aidera au développement des associations dont certaines pourront se doter de permanents. Quand Alain Juppé (RPR) deviendra conseiller municipal de l'arrondissement, il poursuivra le processus engagé. Tout au long de l'opération de rénovation, il fut l'interlocuteur des militants. En 1986, alors que Lionel Jospin est élu député en Haute-Garonne, Daniel Vaillant reprendra le siège pour le parti socialiste.

Un grand nombre des revendications des associations et des habitants ont été satisfaites. 40 % des habitants ont été relogés sur place, tous les autres l'ayant été dans Paris, dont 70 % dans le 18e arrondissement. Aucun habitant n'aurait donc été expulsé de la capitale. Les associations ont obtenu les mêmes droits pour les résidents des hôtels meublés qui n'avaient pas de bail. Une opération lourde qui a conduit à la démolition de 112 immeubles sur les 229 que comptait le périmètre d'observation, soit près de la moitié. Au total, 1 400 logements ont été détruits et 800 reconstruits, les nouveaux logements étant plus spacieux que les anciens.

La rue des Gardes ou la rue de la Mode ?

En revenant sur ses pas, on trouve à gauche la **rue des Gardes** au bas de laquelle se trouve une petite place, l'agora du quartier pour de nombreux Maghrébins qui y discutent longuement et y échangent les nouvelles du pays.

Le restaurant «Lectures gourmandes», à l'angle entre la rue de la Goutte-d'Or et la rue des Gardes, est représentatif de la mixité sociale et ethnique qui commence à apparaître dans le quartier. À l'heure du déjeuner, les employés et les cadres qui travaillent à proximité viennent déjeuner dans cet établissement qui, ne serait-ce que par son nom, se montre proche de leurs attentes. Mais à partir de 17 heures, les salariés et les bénévoles de l'association Aurore investissent les lieux. Avec ses 591 salariés, en région parisienne surtout, se consacrant à des actions de réinsertion, l'association a signé un contrat avec le SAMU social de la Ville de Paris. Elle sert pour le dîner les mêmes plats qu'au déjeuner, mais cette fois à des familles en situation difficile. Les Lectures gourmandes deviennent en soirée une sorte de Resto du Cœur.

La mixité sociale est perceptible encore dans la rue des Gardes où, dans les boutiques des rez-de-chaussée, œuvrent de jeunes créateurs de mode. Les ateliers, showrooms et boutiques proposant des créations très «tendance» ont remplacé les cafés maures, les boucheries hallal et les marchands de tissus. Après la rénovation, les locaux commerciaux n'ont pas trouvé de repreneurs parmi les anciens boutiquiers de la rue. L'OPAC, propriétaire des immeubles, la Mairie de Paris et la Fédération du prêt-à-porter ont conçu, en partenariat, cette opération groupée. Si aujourd'hui cette initiative apporte de la diversité dans le quartier, ne risque-t-elle pas, à terme, de contribuer à sa *gentrification*?

À gauche, la **rue Polonceau** est marquée par la présence des associations dans le quartier : ADOS (accompagnement scolaire et animation périscolaire), au n° 26, Solidarité musulmane française et URACA (Unité de réflexion et d'action des communautés africaines) au n° 33, L'Arbre bleu (enfants de 0 à 4 ans), au n° 52. En faisant demi-tour en direction du **square Léon**, on trouve encore, à l'angle de la rue des Gardes, les locaux d'Accueil Goutte-d'Or (Solidarité Saint-Bernard).

La plupart des associations ont été créées dans les années 1970, et elles sont aujourd'hui suffisamment nombreuses pour que leur présence soit perceptible dans la rue même. Elles concernent les femmes, les jeunes ou l'accompagnement scolaire. Sur ces anciennes terres ouvrières, sur ces lieux du militantisme politique clandestin pendant la guerre d'Algérie et dans les années 1970 avec la présence d'Action directe, c'est tout naturellement que de jeunes Français issus des classes moyennes, ayant fait des études supérieures, ont pu trouver à concilier leur recherche d'un emploi avec la réalisation d'un engagement. Les étrangers pour autant ne sont pas rares aux postes de responsabilité de ces associations.

L'une des tâches jugées prioritaires concerne le suivi des enfants d'âge scolaire. Au moins six associations ont cette activité. « Les enfants de la Goutte-d'Or » accueille de 16 h 30 à 18 heures les élèves du CP au CM 1 pour les aider à faire leurs devoirs. Ces élèves sont presque tous issus de l'immigration, ce qui reflète d'ailleurs ce qui se passe dans les écoles du quartier. Si à la maternelle la mixité sociale est envisageable, dès l'école primaire les parents français (c'est-à-dire ici non issus d'une immigration récente) préfèrent trouver une solution scolaire pour leurs enfants dans une autre partie du 18e arrondissement, vers Montmartre, où le taux d'enfants immigrés est moins élevé. Une vingtaine d'associations de la Goutte-d'Or ont fondé une coordination qui se réunit deux fois par trimestre. Elle organise la fête du quartier qui, depuis 1986, a lieu au début du mois de juillet et investit le square Léon.

Square Léon : diversité et convivialité

Face à ce square, de vieux immeubles ont été ravalés. Au 15, rue Polonceau, l'immeuble datant de l'époque Louis-Philippe (porte cochère surmontée du demi-cercle d'une fenêtre d'entresol) présente bien, du moins de loin. Les fenêtres des appartements attestent de la misère de la population qui y habite : obturées par du papier, les vitres cassées ne sont pas remplacées. Un café, La Goutte Rouge, au n° 19, expose les œuvres des artistes de l'association Barbarata. Le **square Léon** constitue l'un des symboles de la Goutte-d'Or, c'est le lieu de rencontre, la place du village, là où se déroule la fête de la Goutte-d'Or. C'est un passage public aussi, entre la rue Polonceau et la rue Léon, si bien qu'il n'est jamais fermé. Il cristallise la mémoire du quartier. Autrefois on l'appelait la «Démol». C'était un terrain vague résultant de la démolition de quelques immeubles. Il a laissé beaucoup de traces dans la mémoire collective. On peut s'asseoir sur un banc et observer les enfants et tous ceux qui, aux différentes heures de la journée et de la nuit, s'approprient ce square. La rénovation de 2006 a préservé cet espace vert, devenu «le poumon du quartier», comme le revendique fièrement l'un des gardiens. À la belle saison, les enfants sont à la joie sur les aires de jeu, la fontaine rafraîchît les passants et les tables de ciment agrémentées d'échiquiers incrustés accueillent des joueurs attentifs et passionnés.

À droite, en sortant du square Léon vers le nord, la **rue Saint-Luc** est bordée d'immeubles haussmanniens dont la population est moins populaire. L'**église Saint-Bernard** a été réalisée dans les années 1860, en style néogothique flamboyant. Sa construction a contribué à la constitution de l'autonomie du quartier de la Goutte-d'Or par rapport à celui de La Chapelle, héritier du nom et de l'église de l'ancien village annexé à Paris. La paroisse de Saint-Bernard est de longue date engagée auprès des plus démunis. Les sans-papiers y ont trouvé refuge durant l'été 1996. À l'intérieur, de nombreux textes d'appels divers et d'inspiration tiers-mondiste donnent le ton.

Au cours d'un récital donné un dimanche après-midi, non seulement l'église est pleine, mais sur le parvis les gens vont et viennent, se saluent, engagent des discussions animées devant les stands où sont proposés des gâteaux orientaux et du thé. Comme sur la place du village les soirs de fête, les femmes bavardent tandis que les enfants maltraitent un vieux ballon. Même à l'intérieur de l'église, le public ne tient pas en place, entre et sort, sans grand respect pour les artistes mais avec une aisance et une joie évidentes. Toutes les ethnies sont là, toutes les générations.

L'ancienne chapelle située, à côté de l'église Saint-Bernard, **rue Saint-Bruno** fournit désormais les locaux communs aux associations de la Goutte-d'Or, l'indépendance de ces locaux par rapport à la paroisse étant affirmée par une affichette à l'entrée. La première vocation de cette structure est de mettre des espaces à la disposition des associations. Un centre de documentation, un service veillant à améliorer la communication entre les habitants et les services publics, des projets d'insertion, complètent les activités.

Une autre forme de coordination s'appuie sur le mensuel *Paris Goutte-d'Or*, en vente dans les maisons de la presse du quartier. L'association qui est à l'origine de ce mensuel, auquel elle a donné son nom, a publié, en collaboration avec d'autres associations, un *Guide Goutte-d'Or et Paris 18e des organismes au service du quartier* dans lequel sont dénombrés 116 organismes intervenant directement dans la zone, dont une trentaine d'associations qui y ont leur siège.

Malgré toutes ces bonnes volontés et cette vitalité militante, l'avenir du quartier reste incertain. Pour le moment, en raison de la paupérisation de ceux qui y vivent. À terme, en raison du processus généralisé d'embourgeoisement de la ville de Paris. La Goutte-d'Or sera-t-elle toujours un quartier populaire?

En face de l'église, le square Saint-Bernard accueille, par beau temps, les jeux de nombreux enfants surveillés par leurs mères en boubous : la scène peut surprendre, les acteurs africains paraissant déplacés dans un décor archétypique de square parisien. Les formes urbaines, histoire sociale objectivée, sont lentes à être remodelées par les populations qui les investissent et les décalages signalent souvent un problème de société.

Rue Myrha : vitalité et diversité

On rejoint la **rue Léon** en faisant le tour de l'église par la rue Saint-Bernard puis en empruntant un bout de la rue Saint-Luc. Parfois quelques prostituées ghanéennes bavardent sur les trottoirs entre le square et la **rue Myrha**, qui est toujours animée.

Elles patientent devant la Maison du développement économique et de l'emploi du 18e arrondissement, une structure publique à but non lucratif «pour l'initiation à l'informatique et aux technologies de l'information et de la communication».

À droite, dans la rue Myrha, au nº 28, se trouve la seconde mosquée de la Goutte-d'Or, avec la même foule de musulmans priant en rangs serrés sur le bitume le vendredi en début d'après-midi. Là aussi la police veille et détourne la circulation.

En revenant sur ses pas, au nº 36, on passe devant un ancien cinéma devenu temple protestant d'obédience évangéliste, qui retentit de cantiques en fin d'après-midi. Le pasteur chante à pleine voix *Plus près de toi, mon Dieu* en s'accompagnant à l'accordéon. Il joue et chante avec allant, large sourire et rythme bien marqué. Une petite vingtaine de fidèles, antillais pour la plupart, penchés sur leurs recueils de cantiques, suivent avec application et détermination les paroles en participant de tout cœur au chant. Dans la nuit, juste en face, non loin des prostituées ghanéennes de la rue Léon, de jeunes Africains désœuvrés vont et viennent dans la rue, entrent dans le bar qui semble être l'antithèse provocante de l'église du Nazaréen. Certains ont la démarche hésitante, les gestes peu assurés de drogués. Face à face donc, le salut et la perdition.

Au nº 42, des volailles sont proposées, au poids, vivantes, pour être égorgées à la maison selon le rituel musulman. Au nº 44, une épicerie fait plonger au cœur de l'Afrique noire. Par les odeurs d'abord, qui s'exhalent des paniers d'herbes séchées empilés les uns sur les autres. Par l'abondance des objets artisanaux

aux usages mystérieux. Sur le comptoir, des brûle-parfum, des poteries et un couffin rempli de cauris, ces coquillages qui ont longtemps servi de monnaie dans une grande partie de l'Afrique.

La rénovation a aussi atteint cette rue où des logements sociaux ont été construits par l'OPAC aux numéros 19 à 27. Une résidence universitaire édifiée au n° 61 ajoute une touche supplémentaire à la volonté politique de mixité sociale.

La rue Myrha est longue et traverse le boulevard Barbès. À proximité de celui-ci, elle se spécialise dans la cosmétique afro-antillaise, avec maquillage, lotions et vente de mèches. La mode rasta a été au principe de la multiplication de ces grossistes en produits capillaires spécifiques.

La rue Myrha constitue la ligne de partage entre le nord et le sud du quartier.

Château-Rouge : tension sociale

En revenant sur ses pas dans la rue Myrha, depuis le boulevard Barbès, à gauche la **rue des Poissonniers** monte vers Château-Rouge. Son nom est lié au transport des poissons pêchés dans la mer du Nord et livrés aux Halles, les chariots suivant, à l'époque, cet itinéraire. Ce ne sont pas des poissons, mais des têtes de chèvres et des pieds de bœufs qui sont proposés à la boucherie hallal du n° 19. La **rue de Suez** à droite surprend par l'alignement parfait de ses immeubles à l'architecture haussmannienne. Mais le reste du quartier, et notamment le développement des commerces africains autour du marché Dejean, est trop en décalage avec la population petite-bourgeoise qui y habite, de sorte que les logements à vendre où à louer sont nombreux. Il en est de même **rue de Panama**. L'association Droit au calme y a été créée en octobre 1999 pour lutter contre les nuisances multiples du quartier, bruits, attroupements, bagarres, trafics en tous genres, vols, rackets. Il est vrai que le marché aux voleurs, localisé autrefois au sud du quartier, rue de la Charbonnière, perturbé par l'intervention de la police, a fini par se replier rue de Panama. Où les attroupements de 100 à 200 personnes se livrant à des trafics en tous genres ont inquiété les habitants des immeubles concernés, révoltés de constater « la dégradation générale du quartier et le basculement dans une zone de non-droit, sans que les pouvoirs publics soient capables de faire respecter la loi ». Cette association demande également la suppression des étalages sur les trottoirs de la rue Poulet et de la rue des Poissonniers à proximité du marché Dejean, et ce pour des raisons « sociales, d'hygiène et de sécurité ».

Au n° 1 de la **rue de Panama**, la société Parivic vend des poissons en provenance du monde entier. Le magasin est décoré avec les têtes des plus gros, pêchés au Sénégal et naturalisés. D'autres, congelés, sont découpés à l'aide d'une grande scie électrique. À gauche, on reprend la **rue Léon**, avec l'Olympic Café, au n° 20, café-théâtre et salle de concert, salle d'exposition parfois, et le Lavoir Moderne Parisien (LMP) au n° 35, un théâtre qui fonctionne en parallèle avec l'Olympic, sous la conduite du même propriétaire, Hervé Breuil. Se désignant comme Laboratoire Multiculturel Populaire, ces deux lieux, qui ont pour complément une chaîne de télévision, Rueleon TV, « première télévision mondiale de quartier », programment des spectacles et organisent des concerts qui puisent dans les cultures des pays représentés à la Goutte-d'Or. « Avec ses ambassadeurs de toutes les cultures, la Goutte-d'Or va vous livrer LES SECRETS DE LA DIVERSITÉ DE CE MONDE ! », peut-on lire sur la page d'accueil du site qui présente les programmes de l'Olympic et du LMP (rueleon.net).

Le directeur a voulu, avec le rachat du bail commercial de l'Olympic, brasserie 1930 dont le décor intérieur et le mobilier ont été conservés, contribuer au désenclavement de la Goutte-d'Or en y important la culture avec le théâtre, la musique, les expositions de photos et d'œuvres d'art diverses. Même si les concerts et les spectacles sont bon marché, le public est sociologiquement plus divers que les habitants du

quartier, ne serait-ce que parce que ces structures attirent aussi un public qui lui est extérieur. L'Olympic
permet d'abord, au maquettiste de la rue Saint-
Mathieu, à l'architecte de la rue Poulet ou au metteur
en scène de la rue Pierre-L'Ermite, de disposer d'un
lieu où se rencontrer et se détendre. Malgré les prix
très raisonnables, la barrière pour franchir les portes
de ces lieux culturels est d'ordre symbolique. Et pourtant, les employés ont été recrutés dans le quartier.
Cette expérience généreuse rencontre les difficultés
inhérentes à toute initiative dans ce domaine. Et pourtant la multiculturalité s'affirme à la Goutte-d'Or :
en face de l'Olympic, au 19-23, rue Léon, la Direction des affaires culturelles a réalisé un institut des
cultures de l'Islam.

La rue Doudeauville : Drouot-Nord et les ventes aux enchères de la misère

En continuant la rue Léon vers le nord, puis à
gauche la **rue Doudeauville**, on atteint une syna-
gogue au n° 80, l'Oratoire Talmed Thora de Montmartre, et Drouot-Nord au n° 64. Ouverte de 9 heures
à 13 heures, sauf le dimanche (mais les ventes sont
irrégulières et n'ont pas lieu tous les jours), cette
annexe des salles de vente de la rue Drouot, dans le
9ᵉ arrondissement, est spécialisée dans les enchères
des produits de saisies judiciaires et toute la misère du
monde s'y étale. La géographie des salles des ventes
a sa hiérarchie : les objets de valeur sont proposés

avenue Montaigne, dans les sous-sols du théâtre des Champs-Élysées, dans un très joli décor. Les objets de misère, récupérés par les huissiers lors des expulsions, sont mis aux enchères rue Doudeauville, à la Goutte-d'Or. Il vaudrait mieux dire que ces pauvres choses sont littéralement bradées. Au rez-de-chaussée de cet immeuble moderne, dans un vaste et morne espace, des objets de la vie quotidienne sont proposés à des prix défiant toute concurrence. Les habitués viennent avec des escabeaux pour mieux voir. Les adjudicateurs ne manquent pas d'un certain humour noir : « Des bibelots qu'il vaut mieux ne pas détailler… Des livres pleins d'avenir… Avec cette télévision vous n'aurez pas tout perdu, cela fera de bonnes pièces détachées. » L'assistance est nombreuse, composée d'amateurs et de professionnels qui tenteront de revendre ce qui peut l'être sur les marchés aux Puces ou ailleurs.

Au n° 43, un bar à thème musical, affichant comme devise, « Vivre ensemble avec nos difficultés », donne pour site « angeetdamnation.com ». On y trouve un « tandem artistique à quatre mains et deux têtes, touche-à-tout et résolument laïque, concrétisant un art "de proximité" mûri au fil du temps, en des circuits parallèles et féconds où le partage avec le public, l'engagement politique et la recherche formelle se mêlent et s'enrichissent mutuellement, un univers singulier aux influences multiples… ». Le tandem est à deux pas, au n° 50, **rue Labat** où se trouvent son atelier et sa galerie d'exposition : les « sculpteures » y présentent leurs œuvres, étonnantes et pleines d'imagination. Un autre indicateur de l'évolution qui modifie peu à peu la composition sociale du quartier.

La **rue Poulet**, à gauche, mène au **métro Château-Rouge** et à la place du même nom. Des cars de police y sont souvent présents. Dans une camionnette de l'association Médecins du Monde, des bénévoles distribuent des préservatifs et des seringues. Tous les lundis et mercredis, de 15 heures à 20 heures, le car est là, signe objectif de l'acuité des problèmes de drogue. La **rue Dejean** abrite l'un des marchés les plus pittoresques de Paris. Les poissons y portent des noms étranges ou inconnus (capitaines, barracudas, telapias). Congelés, ils arrivent par bateau au port d'Anvers, dans des containers frigorifiques. Le **marché Dejean**, avec ses étals de bananes plantins, à consommer grillées avec du poulet, de manioc ou de patates douces fait voyager au-delà des mers. Aux commerces fixes s'ajoutent des marchands à la sauvette. Des Antillais et des Antillaises qui, à la nuit tombée, proposent à la vente des médicaments en vrac dans de grands sacs posés à même le sol. Des Sri-Lankais et leur maïs chaud. D'autres encore offrent à la dérobée quelques montres rutilantes, des lunettes et des sacs de marque, qui, aux prix proposés, ne peuvent être que des contrefaçons. Avec l'arrivée d'une voiture de police, tous ces marchands ambulants s'envolent dans un immense éclat de rire, comme des enfants jouant aux gendarmes et aux voleurs ne laissant derrière eux que les cartons qui leur servaient d'étals. Ils seront le seul butin des policiers qui les rassemblent et que les éboueurs, dont un camion de ramassage a été convoqué, élimineront à tout jamais. Certains magasins sont tenus par des Chinois qui achètent en gros à des Africains et revendent au détail à d'autres Africains. Le marché Dejean

était, il y a quelques années encore, un marché populaire typiquement français, avec ses poireaux et ses
saucisses. C'est aujourd'hui un des marchés les plus
exotiques de la capitale.

La vie associative est présente avec le café social,
ouvert à un angle de la rue Dejean et de la rue des Poissonniers. L'association Ayyem Zamen, le «bon vieux
temps» en kabyle, gère cet établissement destiné aux
immigrés maghrébins âgés. Créé en 2003 à l'initiative de la Ville de Paris qui a signé une convention
triennale avec cette association, ce café social propose
une permanence pour faciliter l'accès au droit à la
retraite et aux prestations sociales des hommes du
Maghreb venus travailler en France dans les années
1960, et confrontés aujourd'hui au vieillissement, à la
retraite et parfois à la maladie. L'association dispose
d'un minicar qui emmène ses adhérents faire du jardinage et pique-niquer à Montreuil où elle possède une
maison avec un grand jardin.

Un lieu de brassage culturel

La Goutte-d'Or est donc devenue un vaste marché
pour Maghrébins, Africains et Antillais. On y vient
des différents quartiers de Paris, de la région Île-de-
France, mais également de province et de l'étranger : sa
renommée est internationale. Le nombre de boutiques
vendant des tissus montre que la clientèle ne peut être
seulement locale. Il en va de même pour le commerce
des cosmétiques et des cheveux postiches de la rue

Myrha qui atteste que le rayon d'attraction de la Goutte-d'Or dépasse les limites du quartier. Il s'agit d'un «espace central immigré», comme l'écrivent Jean-Claude Toubon et Khelifa Messamah[1].

Pendant le Ramadan, la Goutte-d'Or affirme encore plus nettement l'originalité de son territoire. Le musulman doit s'abstenir de manger, de boire, de fumer ou d'avoir des rapports sexuels, de l'aube au coucher du soleil. Un ascétisme que la rupture quotidienne du jeûne tend à transformer en fête pendant un mois. Lorsque le soleil se couche, tous les petits restaurants se remplissent avec une soudaineté et une simultanéité étonnantes. Des hommes et quelques enfants pour l'essentiel, les femmes préparant la fête de la nuit chez elles, viennent prendre la chorba, une soupe qui mêle mouton et légumes, en attendant le repas familial qui aura lieu tard dans la nuit. Puis, après ce réconfort vite expédié, chacun retourne à ses occupations et les restaurants se vident aussi soudainement qu'ils s'étaient remplis. Le Ramadan est aussi une période de charité : les mendiants ne sont pas oubliés et des âmes généreuses viennent leur apporter la soupe chaude traditionnelle. De nombreux éventaires regorgent de gâteaux dégoulinant de sucre et de miel, des baklavas et des kafiafs que l'on trouve dans les boulangeries pâtisseries, mais aussi dans les boucheries musulmanes, voire dans des commerces non alimentaires.

---

1. Jean-Claude Toubon et Khelifa Messamah, *Centralité immigrée : le quartier de la Goutte-d'Or*, Paris, L'Harmattan, 1990.

Les contacts entre les différentes communautés sont fréquents du fait de la cohabitation dans un espace restreint, et peut-être aussi en raison de l'intensité de la vie associative et de la prédominance de l'islam. La Goutte-d'Or n'est pas un ghetto qui serait réservé à une seule ethnie mais un lieu où le brassage entre les peuples et les cultures est impressionnant. L'idiome commun est bien souvent le français qui, comme en Afrique, constitue la langue véhiculaire entre des groupes qui ne se comprennent pas dans leurs parlers maternels. L'usage d'une langue commune paraît bien utile dans un quartier où l'on parle plus d'une centaine de langues différentes. Les Africains noirs en connaissent plusieurs, compte tenu de la fragmentation de leur aire linguistique. Les Asiatiques sont souvent des Chinois déjà expatriés dans un pays du Sud-Est asiatique dont ils parlent la langue principale. Mais il y a plusieurs langues chinoises et le mandarin leur permet de se comprendre. Les Berbères doivent évidemment parler l'arabe dialectal de leur région d'origine, et l'arabe classique s'ils ont fait quelques études. Les commerçants se doivent d'être plus ou moins polyglottes s'ils veulent éviter que leur clientèle ne se limite à leur communauté.

La mixité sociale et ethnique à Paris se joue donc aussi dans la vitalité et la perméabilité de ces espaces commerciaux, où, à travers les cuisines et les musiques du monde, les immigrés peuvent faciliter leur intégration tout en préservant une part de leur identité. Grâce à une opération sociale de rénovation, qui a consolidé la présence des immigrés, le quartier est plus que jamais un immense marché pour les Maghrébins, les Africains et les Antillais de Paris et de sa région.

À droite, la **rue des Poissonniers** permet de retrouver la station de **métro Barbès-Rochechouart**, à moins que l'on ne préfère repartir par **Château-Rouge**.

BIBLIOGRAPHIE

BREITMAN Marc (sous la dir. de), *La Goutte-d'Or, faubourg de Paris*, Paris, Hazan, «Archives d'architecture moderne», 1998.

BÜLOW Catherine von, BENALI Fasia, *La Goutte-d'Or ou le mal des racines*, Paris, Stock, 1978.

POULIQUEN Jean-Luc, *À la Goutte-d'Or, Paris 18e, chroniques pour un quartier*, Paris, AIDDA, 1997.

RAULIN Anne, «Le vêtement et son acquisition, des façons d'être citadin», *Ethnologie française*, 1996.

SAADI Mustapha, «Cohabitation et relations interethniques à la Goutte-d'Or», *Pluriel*, n° 31, 1982.

TOUBON Jean-Claude, MESSAMAH Khelifa, *Centralité immigrée: le quartier de la Goutte-d'Or*, Paris, L'Harmattan, 1990.

ZOLA Émile, *L'Assommoir*, Paris, Le Livre de Poche, 1957 [1re édition, 1877, réédité chez Gallimard en collection «Folio»].

Heurs et malheurs
du boulevard périphérique

Le boulevard périphérique connaît à l'ouest de nombreux moments
de repos où il peut musarder dans les tunnels qui lui ont été aménagés,
voire prendre l'air dans le bois de Boulogne. Jamais de passage en
surélévation le long du 17ᵉ chic ou du 16ᵉ arrondissement.
En revanche au nord et dans les quartiers populaires du sud les viaducs
viennent taquiner les fenêtres des immeubles d'habitation. Il y n'a que
quelques passages sporadiques en tranchée à l'ouest. Mais ils sont
la règle dominante à l'est où ils assurent la présence permanente,
diurne et nocturne d'un ronronnement sourd.

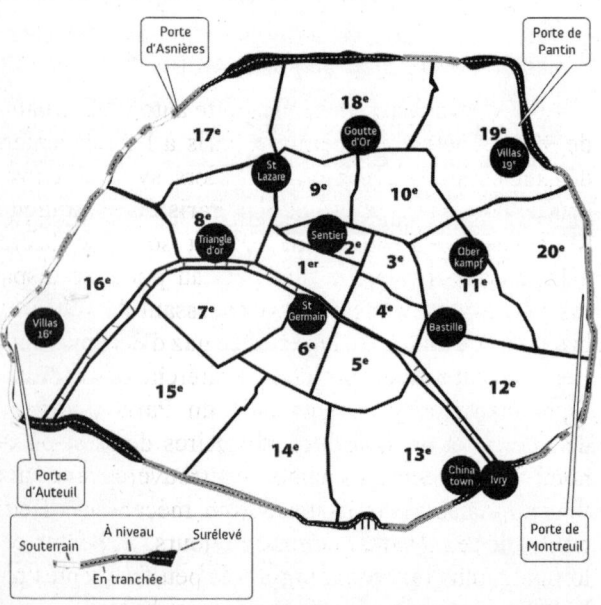

CHAPITRE XIII

Les portes de Paris : les relations entre la capitale et ses banlieues

Le Boulevard périphérique, cette autoroute urbaine de 35 kilomètres qui ceinture Paris à l'emplacement des anciennes fortifications de Thiers, symbolise avec brutalité la frontière qui sépare Paris de la banlieue. Mais, sans doute intimidé, il sait se faire discret à l'approche des beaux quartiers au point de disparaître sous terre avec son flot incessant de véhicules bruyants, de motos hurlantes et de gaz d'échappement. Les concepteurs du projet ne traitèrent pas à l'identique les arrondissements chic du Paris bourgeois de l'Ouest et les quartiers populaires de l'Est où de nombreux logements sociaux se retrouvèrent avec une vue imprenable sur le maelström mécanique. Deux poids, deux mesures, comme toujours. Arpenter ces lointains plus ou moins ingrats et peu fréquentés par les touristes est une leçon de choses urbaines.

L'ouest : de la porte d'Asnières
à la porte d'Auteuil

La porte d'Asnières est l'une des 51 portes de Paris, auxquelles il faut ajouter 4 poternes de taille plus modeste. Elles permettaient de franchir les fortifications édifiées sur décision de Thiers au début des années 1840. En 1918, la paix revenue, la crise du logement se fait cruellement sentir. Pendant la guerre, l'effort national s'était concentré sur les moyens de destruction et non de construction. Une loi votée en 1919 déclasse les bastions jugés obsolètes : les installations militaires pourront être démolies et les terrains libérés rendus à la vie civile. Ce qui sera entrepris à partir de 1929. Il y eut des tentatives pour maîtriser l'ensemble de ce colossal chantier. Une ceinture verte y fut en partie réalisée. Mais les enjeux étaient énormes et les compromis inévitables aboutirent à une sorte de bric-à-brac urbain qui accumula des logements sociaux, HBM puis HLM, des immeubles de très haut standing, évidemment au niveau des 16ᵉ et 17ᵉ arrondissements, des équipements sportifs, stades, gymnases et piscines, un parc des expositions, une cité universitaire internationale, des entrepôts de la voirie de Paris, des aires de stationnement pour les véhicules victimes de l'efficacité des services de la fourrière, quelques déchetteries, des casernes, des lycées, des cimetières, des échangeurs autoroutiers apocalyptiques. Dans ce désordre apparent se cache un ordre bien réel : ce monstre urbain s'humanise vers l'ouest, il se durcit vers le sud et surtout vers le nord et l'est. Cette ville annulaire coupe la capitale de sa banlieue, matériellement et symboliquement.

Le Boulevard périphérique, commencé en 1963 et bouclé en 1973, vient parachever cette muraille complexe. On ne peut la franchir qu'en empruntant les anciennes portes des fortifications, qui se situent au niveau des boulevards des Maréchaux, et les rues qui mènent en banlieue se glissent sous l'autoroute de ceinture, ou l'enjambent.

Promenade bucolique sur le périphérique

En empruntant l'avenue de la **porte-d'Asnières** vers la banlieue, on trouve sur la gauche le **boulevard de Reims** qui longe le périphérique et permet d'atteindre, à droite, une passerelle piétonne qui borde des courts de tennis. Dits d'Asnières, ils sont établis au-dessus du périphérique mais gérés par la mairie de Paris. Après

avoir franchi l'autoroute urbaine, on retrouve le boulevard Reims qui, dédoublé, la suit de chaque côté. Le
début de la **promenade Bernard-Lafay**, signalée par
un panneau à l'entrée d'un jardin public, se trouve
presque en face du débouché de la passerelle.

Cette promenade permet de rejoindre la porte des
Ternes en longeant le périphérique qui alterne à ce
niveau les passages en tranchée et les tunnels. Jardins
publics, aires de jeux pour les enfants, terrains de
sport, courts de tennis, se succèdent, bordant le flot
automobile ou le recouvrant pudiquement. Le cadre est
bucolique, quasi champêtre. À l'angle avec l'**avenue
de la Porte-de-Champerret**, un immeuble moderne
héberge des Écoles de la chambre de commerce et
d'industrie de Paris, dont Advancia, qui forme aux
métiers de la comptabilité et de la gestion.

Puis la **promenade Bernard-Lafay** joue du
contraste entre son environnement direct, végétal,

donc naturel, et l'ambiance de modernité bruyante et bétonnée que représente le périphérique. Il est à ce niveau en tranchée découverte, et pour éliminer le vacarme mécanique, un mur antibruit a été élevé au long du chemin de randonnée. Des baies au vitrage assez efficace pour stopper les décibels permettent de contempler la ruée mécanique quelques mètres en dessous, dans un silence que ne troublent que les chants des oiseaux ou le cri d'un enfant. Les petits jardins traversés bénéficient de panneaux bilingues, en français et en anglais. Un rappel du cosmopolitisme des beaux quartiers qui ne sont pas seulement accueillants aux nurses du tiers-monde, mais aussi à une élite internationale dont la langue véhiculaire est l'anglais.

Cette promenade se termine **boulevard d'Aurelle-de-Paladines**, après avoir contourné le stade Paul-Faber. Prendre ce boulevard sur la gauche puis franchir le périphérique pour atteindre, sur la droite, la petite

église Notre-Dame de la Compassion. Cette chapelle royale, assez étonnante, collée au Boulevard périphérique qu'elle surplombe, propose des concerts le dimanche après-midi : c'est dire combien le bruit de la circulation est efficacement neutralisé par le passage en tranchée. Édifiée porte

Maillot, en mémoire d'un prince d'Orléans qui y avait trouvé la mort accidentellement, elle fut déplacée là en 1970 au moment de la construction du Palais des Congrès.

On traverse l'**avenue de la Porte-des-Ternes**, puis on longe le parking des cars à destination de l'aéroport de Beauvais d'où décollent les avions des compagnies «low cost». On traverse le **boulevard Pershing** vers le palais des Congrès et en tournant sur la gauche, vers l'entrée principale de l'immeuble, on trouve un souterrain, seul accès au jardin qui occupe le centre de la **place de la Porte-Maillot**.

Pause sociologique, porte Maillot

La **place de la Porte-Maillot** est constituée en son centre par un vaste espace vert accessible par des souterrains. Assis sur un banc, la vue est imprenable d'un côté sur l'avenue de la Grande-Armée et l'Arc de Triomphe, majestueux sur sa butte et, de l'autre côté, sur la Grande Arche du quartier de La Défense. Un endroit d'une ampleur rare qui fait prendre la mesure de la vision des urbanistes d'autrefois qui, au service du roi, n'avaient aucune réticence devant la grandeur. Appelé aussi axe du pouvoir, cet axe historique prend naissance à l'arc de triomphe du Carrousel. Sur certains plans anciens, il se prolonge jusqu'à la Croix de Noailles en forêt de Saint-Germain.

Une vieille histoire, continuée par tous les régimes qui ajoutèrent un segment à ce long ruban de gloire et de pouvoir qui joint en une envolée rectiligne les monuments parmi les plus glorieux dans les quartiers les plus huppés : Palais royal du Louvre, place de la Concorde, Champs-Élysées, arc de triomphe de l'Étoile, avenue de la Grande-Armée, porte Maillot, l'avenue Charles-de-Gaulle pour traverser Neuilly, l'esplanade, les tours et la Grande Arche de la Défense pour couronner, provisoirement, le tout, car les travaux continuent au-delà. Un itinéraire qui, tiré au cordeau à travers les 8e, 16e et 17e arrondissements, puis Neuilly, ne quitte jamais la richesse et le pouvoir.

À Neuilly, les huit voies de circulation de l'avenue Charles-de-Gaulle ont été couvertes sur 400 mètres, près de la Seine, juste avant La Défense, après qu'elles eurent été enfouies dans une tranchée gigantesque. Les Neuilléens sont aujourd'hui mobilisés pour obtenir le milliard d'euros nécessaire pour enfouir les deux kilomètres de l'avenue encore à ciel ouvert. Leur enterrement permettrait de remplacer les six hectares de bitume par une promenade plantée qui rendrait la liaison plus agréable entre les deux parties de la ville qui sont aujourd'hui séparées par un véritable fleuve autoroutier[1]. Neuilly compte parmi ses habitants nombre de personnalités dont le pouvoir a aussi des effets sur l'espace : il n'est pas impensable dans cette ville d'arriver à faire financer l'enfouissement pharaonique de ces kilomètres d'autoroute pour la quiétude des riverains, d'ailleurs peu nombreux puisque l'avenue Charles-de-Gaulle est bordée surtout par des immeubles de bureaux. La grande bourgeoisie forme un groupe soudé, solidaire, où le niveau d'interconnaissance tisse des réseaux très denses et facilement mobilisables. Toutes sortes de professions peuvent

---

1. Voir notre ouvrage, *Les Ghettos du Gotha. Comment la bourgeoisie défend ses espaces*, Paris, Seuil, 2007.

ainsi être sollicitées : hauts fonctionnaires, avocats, fiscalistes, architectes, hommes d'affaires œuvrant dans l'immobilier, hommes politiques, tout un monde ayant du pouvoir sur la ville, sur le patrimoine immobilier, sur les projets urbains et d'aménagement de l'espace. Cette proximité sociale et professionnelle qui permet d'influer sur les prises de décision suppose des trajectoires scolaires similaires : l'Institut d'études politiques de Paris et l'ENA reviennent fréquemment dans les biographies. On a ainsi tout naturellement une collusion entre les élites. Celle-ci a pu être observée dans la manière dont fut décidée la couverture du Boulevard périphérique de Paris, au départ pour les seuls arrondissements de l'Ouest. En principe, la loi est la même pour tous. Dans les pratiques de l'aménagement urbain, rien n'est trop beau pour les beaux quartiers.

Le Boulevard périphérique
sous le bois de Boulogne

À partir de la porte Maillot, le Boulevard périphérique, tel le monstre du Loch Ness, ne cesse d'émerger puis de disparaître dans les profondeurs du bois de Boulogne, lequel appartient à la Ville de Paris depuis 1852. Dans sa longue reptation, le monstre suit d'abord l'ancienne limite administrative de Paris, avant l'annexion du bois. Il a donc été établi sur la zone *non aedificandi* des fortifications. Puis il s'éloigne en contournant l'hippodrome d'Auteuil, réalisé sous le Second Empire.

Depuis la place de la Porte-Maillot, que l'on quitte par le souterrain donnant sur le sud, le **boulevard de l'Amiral-Bruix**, à droite, longe des squares et des installations sportives et permet de rejoindre la **porte Dauphine**. Prendre la **place du Maréchal-de-Lattre-de-Tassigny** par la gauche pour aboutir à l'**avenue du Maréchal-Fayolle**. Au passage, on peut apprécier l'ampleur de l'avenue Foch. Elle s'appelait avenue du

Bois-de-Boulogne à ses débuts mais ses habitué(e)s la nommaient familièrement avenue du Bois. Les élégants et les élégantes s'y rendaient à cheval ou en calèche, venant des Champs-Élysées. De nos jours, les riches habitants de l'avenue Foch peuvent toujours gagner les frondaisons du plus grand espace vert de la capitale sans avoir à affronter le tumulte du périphérique.

Le 16e nord : pouvoir et richesse

L'avenue du Maréchal-Fayolle borde les bâtiments de l'université de Paris-Dauphine, officiellement dénommée Paris-IX, qui hébergèrent à l'origine le siège de l'OTAN. Une université où les sciences économiques et la gestion sont enseignées à des jeunes issus pour la plupart des beaux quartiers. Même si les locaux souffrent d'un manque d'entretien qu'on ne s'attendrait pas à trouver ici, on est loin du délabrement de certaines universités : la qualité de leur état semble être proportionnelle au niveau social des étudiants.

Après des jardins un peu délaissés et des équipements sportifs, le lourd immeuble austère de l'**ambassade de Russie** occupe l'emplacement d'anciens bastions. Sa taille monumentale s'explique enpartie par la présence de nombreux appartements de fonction. La faucille et le marteau sont encore visibles, éléments décoratifs gravés dans la pierre ou intégrés aux éléments métalliques des grilles et des portes. Construit à la fin des années 1970, au temps de l'Union des républiques socialistes soviétiques, cet imposant bâtiment n'était guère du goût des riverains, de l'autre côté du boulevard Lannes, furieux à l'idée de cette promiscuité qui allait leur gâcher la vue. Mais la raison d'État semble avoir prévalu.

Un agréable petit chemin longe le périphérique et, si la saison est la bonne, on peut déboucher sur la **porte de la Muette** en traversant un pré fraîchement fauché, dans l'odeur délicieuse du foin finissant de prendre son bain de soleil. Un panneau y rappelle le goût de la noblesse pour les innovations techniques et sportives :

> Le 21/11/1783
> De cet emplacement dans le parc de l'ancien château de la Muette partit la montgolfière conduite par Pilâtre de Rozier et le marquis d'Arlandes. Elle devait se poser 26 minutes plus tard à La Butte aux Cailles achevant ainsi le premier vol humain de l'histoire.

Place de Colombie, entre l'**avenue du Maréchal-Maunoury** et le **boulevard Suchet**, se dressent de grands immeubles résidentiels luxueux. Dus à l'architecte Jean Walter en 1931, leur conception est remarquable. D'immenses baies vitrées laissent supposer la présence de vastes séjours avec mezzanines. Les toits aménagés en terrasse recèlent une végétation abondante.

Ce type de constructions, réalisées à l'emplacement des anciens bastions, est totalement absent dans
les quartiers populaires où les anciennes fortifications abritent uniquement des logements sociaux. Les
immeubles de la place de Colombie, fastueux, poussent à l'extrême la provocation : ces terrains, propriété
de l'État, furent affectés à des opérations spécula-
tives qui, tout en renforçant la ségrégation urbaine,
permirent la réalisation de confortables profits. Il est
d'autres indicateurs du niveau de vie exceptionnel des
habitants de ces immeubles. L'automobile faisait déjà
partie du mode de vie grand bourgeois à cette époque :
Walter a agrémenté sa construction de garages en
sous-sol, ce qui était rare à l'époque.

En traversant le boulevard Suchet et l'**avenue
Raphaël**, on atteint le parc du château de la Muette.
Amputé par les boulevards, il reste vaste. Le bâtiment

actuel, construit pour Henri de Rothschild et achevé en 1922, abrite les services de l'OCDE (Organisation de coopération et de développement économiques). On le découvre aisément de la petite rue André-Pascal, pseudonyme d'un auteur dramatique ayant joui d'une certaine notoriété, de son vrai nom… Henri de Rothschild.

L'**allée Pilâtre-du-Rozier**, qui serpente le long du parc de l'OCDE, permet de rejoindre, après avoir traversé la chaussée de La Muette, un « sentier nature » qui prend naissance, sur la gauche, au niveau du théâtre de Guignol, derrière l'ancienne gare de La Muette, bâtiment de briques où s'est installé un restaurant au-dessus des voies de l'ancien chemin de fer de ceinture. La création de cette ligne circulaire, qui avait pour vocation de permettre la liaison entre les grandes gares parisiennes alors que le métro n'existait pas encore, est décidée en 1851. Elle est achevée en 1859. 34 kilomètres de voies ferrées ceinturant la capitale relient 25 stations. Ces voies sont établies en bordure des boulevards des Maréchaux, du côté de Paris. Un grand nombre de ponts et de passages souterrains permettent de les franchir : ce chemin de fer ne constitue pas une ligne de démarcation aussi radicale que le Boulevard périphérique.

Le « **sentier nature** », caillouteux, dont l'entrée est signalée par des panneaux, suit le tracé de la petite ceinture jusqu'à l'ancienne gare d'Auteuil. Entretenu par l'association Espaces, dans le cadre de chantiers de réinsertion, il parcourt la friche ferroviaire et conduit au métro **Porte-d'Auteuil**. Les plus courageux pourront poursuivre leur randonnée par la promenade sociologique du chapitre XI qui démarre ici avec la description du combat des habitants de la villa Montmorency et de ce coin du 16e arrondissement contre le projet de construction de 150 logements sociaux sur les friches ferroviaires de la gare d'Auteuil.

L'est : de la porte de montreuil à la porte de pantin

La **porte de Montreuil**, comme celles de Vincennes, des Lilas et d'Aubervilliers, a été construite au-dessus du Boulevard périphérique. De vastes espaces réservés à la circulation automobile occupent l'étendue comprise entre les derniers HBM de Paris et les premiers édifices de Montreuil, dont le siège de la CGT. Du côté de Paris, les immeubles sont de l'histoire déjà ancienne, avec quelques touches plus récentes : de la véritable sédimentation architecturale. Du côté de Montreuil, du neuf avec vue sur le périphérique, mais, derrière, la vieille ville avec ses usines plus ou moins actives, ses lofts et ses veilles maisons ouvrières. Comme porte Maillot, l'espace au-dessus du périphérique est vaste. Mais, à l'ouest, la continuité urbaine et sociale est parfaite. À l'est, il y a une rupture, qui se marque dans les formes urbaines et par la vitalité d'une tradition ancienne, celle des Puces.

Le marché aux Puces de Montreuil :
un souvenir de l'ancienne « zone »

Le marché s'installe tous les samedis, dimanches et
lundis, dès cinq heures du matin, entre le Boulevard
périphérique et l'**avenue du Professeur-André-
Lemierre**, qui marque la limite de Paris : les immeubles,
du côté banlieue, sont bien sur le territoire de Montreuil,
mais leurs adresses postales sont parisiennes. Certains
marchands passent la nuit dans leur camionnette. L'espace réservé à ce marché est, le reste de la semaine,
utilisé comme parking public. Mais, malgré sa grande
taille, il déborde et les éventaires ont colonisé l'**avenue
Gallieni**, dans le prolongement de l'avenue Lemierre,
jusqu'à la **porte de Bagnolet**.

La tradition des Puces, que l'on retrouve à la porte de
Clignancourt (18e) et à la porte de Vanves (14e), remonte

à l'existence des fortifications de Thiers et à la présence d'une zone, d'ailleurs appelée *la* Zone par les Parisiens, entre les bastions et la banlieue, sur laquelle toute construction en dur était interdite. La zone *non œdificandi* assurait aux militaires des vues dégagées et des angles de tir en cas de siège de la ville. Une population pauvre s'y était établie dans des constructions précaires, de bois, de tôles et de toiles goudronnées. Parmi les zoniers, chiffonniers et brocanteurs furent nombreux. Certains de ces marchés aux Puces ont survécu à la déclassification des installations militaires en 1919 et au départ des occupants de ces bidonvilles remplacés petit à petit par des logements sociaux, des équipements sportifs et d'autres aménagements. Une évolution qui se fit à des rythmes variables selon les endroits et la vigueur des résistances à vaincre : les zoniers s'opposèrent à leur expulsion parfois jusqu'après la Libération.

Le marché de la porte de Montreuil commence sur le parking coincé entre le périphérique et l'avenue Lemierre. Il mêle alors quelques brocanteurs aux marchands forains habituels. Les Puces deviennent hégémoniques sur les avenues Lemierre et Gallieni. Les éventaires y sont modestes et de plus en plus pauvres à mesure que l'on s'éloigne vers la porte de Bagnolet. Les étalages deviennent ceux de la galère. Une vieille couverture étendue à même le sol, sur laquelle la chalandise, hétéroclite, est posée en désordre. Les commerçants, si l'on peut risquer cette hyperbole, appartiennent au même monde que leurs clients marqués eux aussi par la misère. Le monde de la pauvreté dans une société d'abondance, où les biens sont pléthore, mais restent inaccessibles à beaucoup, sauf à avoir été déjà achetés. Le marché de l'occasion n'a pas grand-chose à voir avec la quête ludique de l'objet singulier et ancien qui ornera de manière flatteuse le domicile douillet de l'amateur de curiosités.

Le tiers-monde est présent : les immigrés en provenance d'Afrique noire sont nombreux. Montreuil, malgré un timide processus de *gentrification*, reste encore une ville populaire. Le plus grand village malien de France s'y trouve, au n° 53, **rue Bara**, à 400 mètres de la porte de Montreuil, parallèle à la rue de Paris. Ce foyer a été installé dans une ancienne usine. À l'entrée et dans la cour, quelques échoppes, des vendeurs de cigarettes au détail, créent une ambiance très africaine. Les cuisines collectives, au rez-de-chaussée, sont le domaine des femmes et des enfants. Aux fenêtres, les vêtements mis à sécher obscurcissent encore des pièces peu lumineuses.

Ailleurs, au hasard d'un croisement d'un instant sur un trottoir, les langues slaves d'Europe centrale et de Russie apportent une autre touche d'exotisme. Montreuil est un pôle ancien de fixation de primo-arrivants d'une immigration qui se modifie sans cesse.

La porte de Bagnolet : sous l'enfer de la circulation, le paradis de la consommation

À l'arrivée **place de la Porte-de-Bagnolet**, l'enchevêtrement des ponts et des passerelles, des bretelles et des embranchements, au-dessus du périphérique, rend cet espace parfaitement inadapté aux passants, qui n'y sont d'ailleurs pas tolérés. De nombreux panneaux « Interdit aux piétons » le rappellent et pourtant des imprudents bravent l'injonction et se retrouvent dans des situations inextricables, soudain mis dans l'impossibilité d'avancer ou de reculer, contraints d'attendre une accalmie improbable du flot rugissant des véhicules. De la place de la Porte-de-Bagnolet, il est impossible d'atteindre l'important **centre commercial** situé au cœur de l'échangeur avec l'autoroute A3.

Un étrange bout de ville a réussi à pousser au cœur de cette masse de béton avec la gare routière internationale de Paris Gallieni et un hypermarché Auchan. Prendre à droite puis à gauche la **rue Champeaux** devant l'hôtel Novotel. Elle mène à la gare routière de la RATP en interconnexion avec la station de métro Gallieni. Sur le parvis du centre commercial Bel-Est, on se trouve en contrebas des voies autoroutières arrivant de l'Est. Blasés, les clients n'ont pas le moindre regard pour l'inquiétant flot métallique qui les surplombe. En comparaison, les galeries marchandes seraient un havre de paix si l'agressivité commerciale des enseignes, les musiques d'ambiance et la foule ne créaient une autre frénésie, moins dangereuse mais fatigante elle aussi.

Un instant, devant l'entrée principale du centre commercial, on peut avoir l'impression de se trouver au cœur d'une ville banale, à la terrasse d'un café, devant l'étalage multicolore d'un marchand de fleurs et le débordement d'un kiosque à journaux. Le tohu-bohu de la circulation, la vue imprenable sur les dessous de quatre bretelles autoroutières, depuis lesquelles les camions et les voitures survolent ce monde quasi souterrain, ne semblent pas perturber les passants insouciants et les mères de famille poussant leurs bébés dans leurs landaus.

À deux pas, en poursuivant vers le nord, dans Bagnolet, par les **rues Sadi-Carnot**, **Adélaïde-Lahaye** et **Paul-Vaillant-Couturier**, on atteint la **place Salvador-Allende** qui, avec son marché des jeudis et des dimanches matin, devant la mairie de village, avec ses vendeurs de *L'Humanité* et de *Lutte Ouvrière*, contraste avec le gigantisme conquérant des tours jumelles des Mercuriales. Au fond de la place, prendre la **rue Hoche** sur la gauche, jusqu'au périphérique.

Une ancienne usine transformée en villa sécurisée

La **rue Hoche**, en arrivant au bord de l'autoroute, pénètre dans Paris. Si bien que l'**allée des Plantes**,

qui ouvre aux nᵒˢ 66-68-70, a comme adresse Paris 20ᵉ arrondissement, alors que les maisons qui la composent sont sur Bagnolet. Douze lots ont été créés à partir d'une ancienne usine, formant une cité sécurisée par un haut portail avec digicode et interphone. Bien qu'habitant officiellement Paris, les jeunes ménages propriétaires de ces maisons en bande, agrémentées de plantations qui égaient agréablement la longue cour commune, ressentent une très forte coupure avec Paris. «Le franchissement est difficile, nous dira l'un d'eux, à propos du périphérique. Pour aller à Paris, où nous habitons, ajoute-t-il avec une pointe d'humour, il nous faut aller jusqu'à la porte de Bagnolet d'un côté, ou jusqu'à la porte des Lilas de l'autre. Et nous n'avons pas de chance : dans les projets de couverture du périphérique autour de la Porte des Lilas, la partie du périphérique devant chez nous doit rester en tranchée ouverte.» Cette famille, propriétaire d'une petite maison de l'ensemble immobilier, avec sa ruelle pavée et ses jardins collectifs, était autrefois locataire dans le centre de Paris, mais avec l'arrivée des enfants, il a fallu s'expatrier dans ce lieu improbable des confins parisiens. Le contraste entre l'ordonnancement des maisons et le chaos urbain auquel on se heurte dès le portail franchi est saisissant.

Les travaux gigantesques
de la porte des Lilas

La **rue Pierre-Soulié**, puis, à partir de la commune des Lilas, la **rue Évariste-Galois**, bordent le périphérique. Malgré les apparences, on se trouve toujours dans Paris bien que longeant des immeubles qui sont eux construits sur le territoire de villes de banlieue. L'autoroute infléchit son tracé vers la capitale, laissant une sorte de no man's land entre lui et la banlieue. Prendre à gauche la **rue Léon-Frapié**, et tout de suite à droite la **rue Paul-Meurice**. On traverse une zone en travaux où se trouvait autrefois le chapiteau du cirque du Grand Céleste. Les services de la voirie de la Ville de Paris y disposent encore de terrains où garer les petits véhicules verts servant au nettoyage des trottoirs et quelques engins plus importants.

La porte des Lilas, en 2008, est encore un vaste chantier, lié au GPRU (Grand projet de renouvellement urbain). La couverture du périphérique, qui était ici en tranchée, est achevée. Les 17 000 mètres carrés de surface nouvelle sont en cours d'aménagement. En juillet 2010 le jardin Serge Gainsbourg a été inauguré au-dessus du flot automobile enterré. Des bosquets, des sous-bois et même une mare sont prévus. La rue de Belleville sera ainsi mise

en continuité urbaine avec la commune des Lilas. Après le secteur en travaux, on atteint la sinueuse **avenue du Belvédère**. Prendre tout de suite la **rue Alexander-Fleming** qui longe le périphérique.

Sigmund Freud refoulé

Au niveau du **Pré-Saint-Gervais**, le périphérique a refoulé, contre les limites de cette commune, une rue étrange, comme sortie d'un rêve, sinon d'un cauchemar.

Elle a été nommée (sans malice?) **Sigmund-Freud**. Coincée entre le talus du périphérique et l'arrière de jardins et de propriétés lui tournant le dos, cette rue déserte a pour seuls habitants quelques SDF qui ont élu un domicile précaire sur un terrain en déshérence.

La rue du fondateur de la psychanalyse s'arrête dès que l'espace entre l'autoroute urbaine et la banlieue s'élargit. Elle devient alors **rue de la Marseillaise**, toujours sans habitations côté banlieue, mais avec un charmant jardin le long du périphérique. L'arrière d'un groupe scolaire, ostensiblement tourné vers le centre du Pré-Saint-Gervais, rappelle le dos-à-dos fréquent entre la capitale et sa banlieue. Notamment dans cette partie est de son parcours. Avant d'arriver à la porte de Pantin, un grand immeuble de logements sociaux présente une structure plus habituelle.

À la **porte de Pantin**, on trouve du côté banlieue un hôtel Mercure avec une vue imprenable sur l'imposante masse de béton du périphérique, ici surélevé, une station-service et une fourrière de la préfecture de Police. L'autoroute urbaine prend des allures de porte monumentale en enjambant majestueusement la vaste place. Toutefois l'ensemble a un air plutôt décrépit, le béton et les plantations vieillissant mal dans l'ambiance polluée. Dans cet environnement peu flatteur, le panneau «Paris», signalant l'entrée dans la capitale, semble s'être fait aussi discret que possible. Il n'y a pas de quoi pavoiser. Le touriste qui découvre la capitale par cette porte doit avoir l'impression qu'on lui fait prendre l'entrée de service.

Passé ce seuil imposant, l'église Sainte-Claire, à gauche en entrant dans Paris, contraste par son calme et sa sérénité. D'un modernisme dépouillé, elle se tient fièrement à l'écart du chaos bruyant et malodorant qu'elle paraît contempler avec circonspection. La station de **métro Porte-de-Pantin** est à deux pas.

BIBLIOGRAPHIE

COHEN Jean-Louis, *Des fortifs au périph: Paris, les seuils de la ville*, Paris, Picard, 1992.

FOURCAUT Annie, BELLANGER Emmanuel, FLONNEAU Mathieu, *Paris / Banlieues: Conflits et solidarités*, Paris, Créaphis, 2007.

TOMATO ARCHITECTES, *Paris, la ville du périphérique*, Paris, Éditions du Moniteur, 2003.

«Paris / Banlieues», revue *Urbanisme*, n° 333, nov.-déc. 2003.

TVK, TRÉVELO Pierre-Alain, VIGER-KOHLER Antoine, *No limit, Étude prospective de l'insertion urbaine du périphérique de Paris*, Direction de l'Urbanisme de la Ville de Paris et Délégation à la coopération territoriale, 2008.

CONCLUSION

Pour en savoir plus

Sous le pont Mirabeau coule la Seine
Et nos amours
Faut-il qu'il m'en souvienne
La joie venait toujours après la peine
Vienne la nuit sonne l'heure
Les jours s'en vont je demeure

Guillaume Apollinaire
Le Pont Mirabeau

Ce livre se termine, mais le sujet est loin d'être épuisé. Cette conclusion voudrait être une invitation à poursuivre la découverte par d'autres moyens, et notamment la lecture. On a estimé à 190 le nombre de titres nouveaux, parus en 1997, consacrés à la capitale. En 2008, un site de vente en ligne proposait 181 518 ouvrages disponibles, ayant le mot Paris dans leur titre, du guide du Routard au *Ventre de Paris* (Zola) et au *Paysan de Paris* (Aragon). La filmographie

établie par Isabelle Fierro recense en 1996 quelque 980
films de fiction «ayant Paris pour thème ou comme
décor[1]». Un inventaire qui ne prend pas en compte
les documentaires, les actualités, ni les innombrables
productions télévisées. Et nul doute que ce chiffre soit
aujourd'hui dépassé : le site de la Ville de Paris fait état
de plus de 700 tournages chaque année dans la capitale,
dans «4 400 lieux de décors naturels et différents».
Peu de villes ont fait comme Paris l'objet d'une couverture photographique systématique. L'œuvre d'Eugène
Atget (1857-1927) témoigne de cette volonté de fixer
une image de la capitale[2]. Celle-ci inspira les peintres,
particulièrement les impressionnistes qui accompagnè-
rent de leur révolution picturale la révolution industrielle du XIXe siècle. Mais aussi Utrillo, Marquet, Dufy,
Delaunay, et tant d'autres.

La force de la mythologie parisienne s'exprime à
travers une foule de chansons, d'hier et d'aujourd'hui,
qui ont fourni les exergues de certains chapitres. Paris
en est le sujet, mais aussi ses quartiers, ses rues, sans
oublier la Seine et ses ponts. Existe-t-il une autre ville
aussi chantée ? C'est peu probable.

L'extraordinaire notoriété de la tour Eiffel,
monument universellement connu, évoque Paris.
Existe-t-il d'autres villes aussi clairement représentées
par un symbole ? Il fonctionne comme un picto-
gramme universel, apte à être compris en tout point

---

1. Alfred Fierro, *Histoire et dictionnaire de Paris*, Paris,
Robert Laffont, coll. «Bouquins», p. 1489.

2. Voir par exemple : Laure Beaumont-Maillet, *Atget Paris*,
Paris, Hazan, 1998.

du globe et au-delà des barrières des langues et de l'il-
lettrisme.

Ce livre, à sa mesure, participe à cette construction de Paris dans les représentations, les images, les
conceptions, les idées qui font, aussi, la réalité de la
ville. Si une ville est bien, pour une part, ce que l'on
en écrit, ce que l'on en dit, ce que l'on en montre, cette
littérature et cette iconographie contribuent à la faire
être ce qu'elle est. Et d'abord multiple et insaisissable
dans sa totalité.

Pourtant cette diversité n'est pas éclatement en tous
sens. Il n'y a pas de ghetto à Paris dont l'espace reste
fluide malgré les différences, les tensions qui pour-
raient en séparer les composantes. Cette unité doit
quelque chose au centralisme jacobin, tant décrié. La
ville de la Révolution est aussi celle de l'unité nationale et elle reste un creuset où se réalise continûment
l'intégration de multiples apports.

Les écrivains, les cinéastes, les artistes, les chercheurs participent à cette notoriété, à la construction
continue du mythe de Paris, et des connaissances sur
la ville et son histoire. L'itinéraire proposé se veut une
incitation à découvrir certains des principaux lieux
de mémoire où sont conservées et rendues accessibles au public ces œuvres dont Paris est l'inspira-
trice. La ville abrite en son sein cette masse peut-être
unique de connaissances, de documents, d'œuvres,
d'analyses, accumulée sur une même cité. Elle y
consacre certains de ses plus beaux bâtiments, une
part considérable des rayonnages de ses plus grandes
bibliothèques, des institutions spécifiques. Au terme
de ces itinéraires, bien partiels, il a paru utile de faire

entrevoir la richesse inépuisable de Paris et l'inti-
mité que la ville entretient avec sa propre histoire.
Partant du cœur de Paris, passant par l'Hôtel de Ville
et les vénérables hôtels du Marais, pour atteindre la
Bibliothèque nationale de France François-Mitterrand,
ce périple plongera dans la multitude parisienne, sa
diversité et la cohabitation des époques.

L'hôtel de Sens et la Bibliothèque Forney

L'hôtel de Sens se trouve au n° 1, rue du Figuier, dans
le 4e arrondissement, non loin du métro Saint-Paul.
Construit à la fin du XVe et au début du XVIe siècle, cet
hôtel forteresse, vendu comme bien national, occupé
successivement par une entreprise de roulage, une blanchisserie, une conserverie, un coupeur de poils de lièvre
et une confiturerie, il a été restauré de 1929 à 1961, un
peu trop au goût de certains. Sa destinée est caractéristique de celle des hôtels du Marais. La bibliothèque
Forney qui l'occupe est du plus grand intérêt. Fondée
en 1886 par un industriel, Samuel-Aimé Forney, elle
était consacrée à l'artisanat, aux techniques et aux arts
décoratifs et réservée aux professionnels (ébénistes,
céramistes, orfèvres, peintres). Située, à l'époque, dans
le faubourg Saint-Antoine, haut lieu de l'artisanat parisien, elle a élargi son champ aux Beaux-Arts (peinture,
sculpture, architecture). Elle possède un large éventail
d'ouvrages sur Paris, l'architecture de ses bâtiments
et son urbanisme. Emménageant en 1961 dans l'hôtel
de Sens restauré, elle s'est ouverte à tous les publics.

L'accès des salles de lecture est libre, sur présentation d'une pièce d'identité, et permet de consulter de nombreux usuels, livres en accès libre et périodiques de l'année. Après inscription (fournir une photographie), le lecteur peut obtenir les ouvrages rangés dans les magasins, à consulter sur place. Ces ouvrages peuvent faire l'objet d'un prêt à domicile pour les personnes résidant en région parisienne.

Le Pavillon de l'Arsenal

En prenant en face de l'hôtel de Sens la rue de l'Ave-Maria, on atteint le Pavillon de l'Arsenal au numéro 21 du boulevard Morland, à deux pas de la Préfecture de Paris qui se trouve au numéro 17. Le Pavillon de l'Arsenal, au statut municipal, présente des documents «sur Paris, son histoire et son actualité urbaine et architecturale». Une exposition permanente met en évidence le chantier sans fin qu'est la capitale. À partir d'une maquette géante, le visiteur peut en suivre l'évolution. Des expositions temporaires, une bibliothèque, une photothèque et une librairie complètent l'ensemble. Une information vivante et complète sur l'urbanisme de Paris.

Le Centre des monuments nationaux

En face du Pavillon de l'Arsenal, de l'autre côté du boulevard Henri-IV, la rue du Petit-Musc conduit à la rue Saint-Antoine. Au n° 62 se trouve le Centre des monuments nationaux (l'ancienne Caisse nationale des monuments historiques et des sites). Cet établissement public a pour mission de gérer une centaine de monuments, dont neuf à Paris (Arc de triomphe, Sainte-Chapelle, Panthéon…). Il occupe l'hôtel de Sully, construit au début du XVIIe siècle pour le ministre d'Henri IV. On trouvera dans ce qui est un des plus beaux bâtiments du Marais un centre d'information, une librairie et des expositions temporaires. À proximité immédiate, au nº 4, rue de Turenne, l'agence photographique du Centre des monuments nationaux propose à la consultation et à la vente quelque trois millions de clichés. Le Centre et son agence photo sont ouverts à tout public.

Le musée Carnavalet

En continuant la rue de Turenne, prendre à gauche la rue des Francs-Bourgeois et tout de suite à droite la rue de Sévigné. Au nº 23, ce musée occupe deux hôtels particuliers, l'hôtel Carnavalet et l'hôtel Le Peletier de Saint-Fargeau, d'époques Renaissance et XVIIe siècle. Il présente l'histoire de Paris, des origines à nos jours, grâce à de très riches collections dans une muséographie attrayante. Les souvenirs de l'époque révolutionnaire sont importants. La librairie offre un vaste choix d'ouvrages sur Paris.

La Bibliothèque historique
de la Ville de Paris

En reprenant la rue des Francs-Bourgeois sur la droite, en sortant du musée, on croise tout de suite la rue Pavée, à gauche. Au n° 24 se trouve la Bibliothèque historique de la ville de Paris. Installée depuis 1968 dans cet hôtel des Lamoignon, une famille de magistrats ayant vécu aux XVIIe et XVIIIe siècle, elle dispose d'un fonds d'un million d'ouvrages, de 790 périodiques et de nombreux plans, photographies, dessins et cartes postales. À consulter sur place, dans une salle de lecture au plafond à caissons du XVIe siècle, ouverte à tous, sous la seule condition d'avoir au moins dix-huit ans. À proximité immédiate, au n° 22, rue Mahler, la librairie de la bibliothèque est très bien fournie.

La Bibliothèque administrative
de la Ville de Paris

En suivant la rue Pavée sur la gauche, traverser la rue de Rivoli, puis prendre à droite la rue François-Miron jusqu'à l'arrière de l'Hôtel de Ville, rue Lobau. Au n° 5, la Bibliothèque administrative de la ville de Paris est installée au cinquième étage. Elle abrite 550 000 ouvrages sur l'histoire de Paris, avec une prédilection pour les thèmes ayant trait à l'administration et à la vie politique. Elle possède d'utiles collections d'annuaires administratifs et statistiques. La consultation se fait sur place, l'accès étant libre pour tout public « adulte », l'inscription se faisant sur présentation d'une pièce d'identité.

Le Forum des Images

De l'Hôtel de Ville, on peut rejoindre les anciennes Halles. Le Forum des images y possède une collection de quelque 6 600 films, de 1895 à nos jours, qui retracent l'histoire de Paris, font vivre ses quartiers, les grands moments de l'histoire et la vie quotidienne. Fictions, documentaires, actualités, publicités, émissions de télévision, films amateurs, courts et longs métrages, ils ont tous Paris pour décor, voire pour acteur. Le Forum des images est ouvert à tous les publics.

La Bibliothèque nationale de France, site François-Mitterrand

À partir du Forum, prendre la nouvelle ligne 14 du métro, Saint-Lazare/Olympiades. Une manière de passer du cœur historique de la ville à ses aspects les plus contemporains. Terminer ce périple par la plus grande bibliothèque de France permet, au-delà de la richesse du fonds des ouvrages disponibles en usuels, d'écouter chansons et poèmes grâce au département de l'audiovisuel. La chanson est un vecteur très vivant de la mythologie parisienne, et du rêve qui l'accompagne. 320 000 disques 78 tours et 350 000 microsillons attendent leurs auditeurs. C'est le résultat de la création du dépôt légal des enregistrements sonores, en 1925, qui fut à l'origine de la Phonothèque nationale en 1938. Les chansons ne sont qu'une partie des documents sonores conservés et l'on peut aussi entendre la voix des poètes, tel Guillaume Apollinaire lisant *Le Pont Mirabeau*.

Au terme de ce long périple, le vertige guette le promeneur. Cette masse de documents, de mémoires, de recherches, d'œuvres, est le reflet des millions de vies qui se sont succédé et entrecroisées au fil des siècles sur cet espace assez petit pour être parcouru à pied, mais où la densité des vies, des relations, l'affrontement des ambitions, la nostalgie des rêves évanouis, l'intensité des luttes religieuses, idéologiques, sociales, politiques, ont fait une ville unique.

Renseignements pratiques

Institutions	Adresses	Horaires	téléphone, Internet
Bibliothèque Forney	Hôtel de Sens 1, rue du Figuier 75004 Paris	*Ouverture*: mardi, vendredi et samedi: 13 h 30 – 19 h 30 mercredi, jeudi: 10 h 19 h 30 *Fermeture*: dimanche, lundi	tél: 01 42 78 14 60 www.paris.fr>culture>bibliothèques>bibliothèques spécialisées
Pavillon de l'Arsenal	21, boulevard Morland 75004 Paris	*Exposition permanente*: *Ouverture*: du mardi au samedi de 10 h 30 à 18 h 30, et dimanche de 11 h à 19 h. Fermeture: lundi Bibliothèque, photothèque, salon vidéo: horaires particuliers, voir site	tél: 01 42 76 32 45 www.pavillon-arsenal.com

Centre des monuments nationaux	Hôtel de Sully 62, rue Saint-Antoine 75004 Paris	*Ouverture* : du mardi au vendredi, de 10 h à 16 h, sauf lundi	tél : 01 44 61 20 00 www.monuments-france.fr
Agence photogra-phique du Centre des monuments nationaux	4, rue de Turenne 75004 Paris	Ouverture du mardi au vendredi de 10 h à 16 h	tél : 01 44 51 21 00 fax : 01 44 61 20 54 www. monuments-france.fr
Musée Carnavalet	Hôtel Carnavalet 23, rue de Sévigné 75003 Paris	*Ouverture* : tous les jours de 10 h à 18 h, sauf lundi et jours fériés	tél : 01 44 59 58 58 www.carnavalet.paris.fr
Bibliothèque historique de la ville de Paris	Hôtel de Lamoignon 24, rue Pavée 75004 Paris	*Ouverture* : du lundi au samedi de 13 h à 18 h, samedi de 9 h 30 à 18 h. *Fermeture* : dimanche	tél : 01 44 59 29 40 www.paris.fr>culture>biblio-thèques>bibliothèques spécialisées
Librairie de la bibliothèque historique de la Ville de Paris	22, rue Malher 75004 Paris	*Ouverture* : mardi au samedi de 12 h à 19 h	tél : 01 44 59 29 68
Bibliothèque adminis-trative de la Ville de Paris	Hôtel de Ville 5, rue Lobau 75004 Paris	*Ouverture* : du lundi au vendredi de 9 h 30 à 18 h. *Fermeture* : samedi et dimanche	tél : 01 42 76 48 87 www.paris.fr>culture>biblio-thèques>bibliothèques spécialisées
Forum des Images	Forum des Halles 2, rue du Cinéma 75001 Paris	*Ouverture* : du mardi au vendredi de 12 h 30 à 23 h 30, le week-end de 14 h à 23 h 30	www.forumdesimages.net

Bibliothèque nationale de France Site François-Mitterrand	Quai François-Mauriac 75013 Paris	Bibliothèque d'étude :	tél : 01 53 79 59 59
		Ouverture : du mardi au samedi de 10 h à 20 h, dimanche : 13 h à 19 h	www.bnf.fr
Département de l'audio-visuel		*Fermeture* : jours fériés et en septembre	

Ces lieux de documentation et de travail sont accessibles à tous les publics, sous réserve pour certains de conditions d'âge. La Bibliothèque de recherche de la BNF n'est accessible qu'aux chercheurs, universitaires et étudiants en thèse, mais le Haut-de-Jardin est ouvert à tous.

Bibliographie générale

Compte tenu de l'abondance des publications ayant Paris pour thème, cette bibliographie reste indicative. Les livres mentionnés sont encore disponibles en librairie. Ils présentent des synthèses historiques ou thématiques. Chacun renvoie à d'autres ouvrages et les fichiers des centres de documentation mentionnés dans le dernier chapitre sont une source inépuisable de références.

FAVIER Jean, *Paris, deux mille ans d'histoire*, Paris, Fayard, 1997.

FIERRO Alfred, *Histoire et dictionnaire de Paris*, Paris, Robert Laffont, coll. «Bouquins», 1996.

HAZAN Éric, *L'invention de Paris: il n'y a pas de pas perdus*, Paris, Seuil, coll. «Points», 2002.

HILLAIRET Jacques, *Connaissance du vieux Paris. Rive droite/rive gauche, les îles et les villages*, Paris, Rivages, 1993.

LOYER François, *Paris XIXe siècle: l'immeuble et la rue*, Paris, Hazan, 1994.

MARCHAND Bernard, *Paris, histoire d'une ville, XIXe-XXe siècle*, Paris, Seuil, coll. «Points», 1993.

MICHAUD Yves (dir.), *Paris*, Paris, Odile Jacob, coll. «Université de tous les savoirs», 2004.

PINÇON Michel, PINÇON-CHARLOT Monique, *Sociologie de Paris*, Paris, La Découverte, coll. «Repères», 2008.

ROULEAU Bernard, *Villages et faubourgs de l'ancien Paris. Histoire d'un espace urbain*, Paris, Seuil, 1985.

Remerciements

À Olivier Amiel, qui a soutenu en 2001 une première édition de ce travail chez Calmann-Lévy.

À Christophe Guias, qui nous a proposé de mettre à jour ce guide sociologique en y apportant les actualisations nécessaires et les nouveautés liées à une capitale en changement permanent.

À Clément Pinçon et Marie Léman pour les plans, les photographies et leur soutien.

TABLE

Achevé d'imprimer en juillet 2014
par CPI (Barcelona)

Dépôt légal : mai 2013

Imprimé en Espagne